サーモンピープル

Journey to the "Salmon people"

アイヌのサケ捕獲権回復をめざして

［目　次］

大地と河に印されたサーモンピープルの歴史

北海道大学アイヌ・先住民研究センター長　加藤博文

これまでも差間正樹さんのお話を直接伺う機会が幾度かありました。その度にしっかりと発せられる差間さんの一語一句から十勝の大地と十勝川を自らの「よすが」とし、大地とそこを流れる大河との結びつきにアイデンティティの基盤を持つというメッセージを強く感じずにはいられませんでした。

本書には、差間さんたちがアメリカ北西海岸のサーモン・ピープルの地を訪ねた旅の記録が記されています。

海に恵みを得る先住民サーモン・ピープルとして海を隔てつつも、互いにサケとの繋がりと権利回復の闘いを共有する先住民族としての共鳴が記されています。私たちは、本書の中に記録された差間さん達とマカーやローワーエルワクララムの人々との示唆に富んだ対話から、多くのことを学ぶことができます。

考古学者である私にとって、この本の中に登場するマカーやローワーエルワクララムの人々は、サケやクジラを獲る権利を勝ち取ってきた人々として馴染み深い存在です。残念ながら未だに彼の地を訪れる機会を得ていませんが、彼らの暮らす地は、考古学的遺産が先住権の回復に寄与することができることを証明した象徴的な場所として広く知られています。

本書にも登場するオリンピック半島の北西端に位置するオゼット遺跡やオリンピア郊外に位置するマッド・ベイ遺跡などは、水辺の低湿地から網がそのままの状態で見つかるなど、先住民の歴史文化遺産を考える上で重要な遺跡として知られています。マカー部族は、約三千八百年前からニアーベイ一帯に定住し、サケ漁やクジラ猟を生業の基盤とする沿岸漁労民です。本書でも紹介されているオゼット遺跡では二千年間に渡る居住の痕跡が確認され、約五百年前の六軒のロングハウスの跡からは保存状態の良好な木製の漁労具やバスケットなどが確認され、多くの考古学者を驚愕させせました。

本書の中ではオゼット遺跡から出土した網がマカーの人々の伝統的な網漁の歴史的証拠となったことが語られ（本書七一頁）、差間さんも北海道大学から遺骨とともに返還された副葬品に含まれていたアパリ（appari：網針）が、ラポロアイヌネイションのサケ漁の歴史的証拠となると述べています（本書一六六頁）。本書七二頁のコラムでも指摘されるように、出土資料は先人たちからのメッセージであり、かつまたそれらが先住民自身によって正しく用いられる時、先住民族の権利を証明する歴史的根拠となることが明示されている点が印象的です。

現在、差間さんや長根さんたちラポロアイヌネイションの人々は、十勝川河口域での経済的な漁業権を先住権として認めるように政府に求めています。十勝川流域でのアイヌ民族の祖先とサケとの結びつきは、歴史的にどのくらい遡ることができるのでしょうか。

十勝平野を貫流する十勝川は、この地域に最初に人類がその足跡を残した時期から、常に人々に多くの恵をもたらしてきた重要な河でした。その意味では、十勝川と十勝平野は、先人が歴史を紡いできた、人々と大地との結びつきを証明する文化的景観であるともいえます。このことは同時にラポロアイヌネイションにとっても、十勝川が自らの歴史的系譜を証明する存在であることを示唆しています。そしてこれまでに蓄積されてきた考古学的資料もまた、十勝川が如何に十勝平野に暮らす人々にとって重要な存在であったのかを証明しています。

十勝川水系の歴史は、古く北海道島の人類史の最初期にまで遡ります。北海道島に人類がその足跡を記した痕跡は十勝平野において知られており、その年代は約三万年前に遡ります。寒冷な氷河期は、やがて次第に温暖な後氷期へと移行し、人々を取り巻く生活環境も、開けた疎林と草原の環境から深い森と川に囲まれた景観へと変化していきました。十勝平野とそこを流れる河の流域に残された数多くの遺跡の存在は、十勝川がもたらす自然の恵みの中で、先人たちが持続的に豊かな暮らしを営んできた何よりの証拠といえるのです。

人々の生活を支える基盤には、毎年同じ季節に河を遡上するサケ類の存在があったことは想像に難くありません。自然がもたらす恩恵に自らの命を預ける人々にとって、まさにサケはカムイチェプ(kamuy-cep：神の魚)でした。サケは人々が持続可能な生活を維持し、定住するために不可欠な大切な生活資源でした。サケの重要性は時代が移り変わる中で更に大きくなっていきます。

現時点で日本列島を含む東アジアは、世界で最も早くに土器が出現する地域として世界中の研究者の注目を集めています。北海道島は、一万年を遡る世界で最も古い土器を出す地域の一つとして知られています。その中でも北海道島最古の土器が確認されている場所が十勝川流域なのです。

最古の土器が出土した大正3遺跡は、十勝川水系の途別川(to-pet= 沼の川)左岸縁の微高地に位置します。器面を爪形の文様で装飾した土器の年代は、約一万五千年前から一万四千年前に遡ります。川縁に位置するという立地からも明らかなように、この遺跡での人々の生活は河と深く結びついていたことは想像に難くありません。

土器の登場は、生活の様々な面に大きな変化をもたらしました。人々が土器を発明した背景について、これまでも多彩な仮説が提示されていますが、堅果類の加工や水産資源の利用などの仮説が示されています。

近年、学会の注目を集めたのは、科学雑誌ネイチャーに掲載された大正3遺跡から出土した北海道最古の土器の用途に関する科学的分析の結果でした。土器から抽出された有機質の残留物の分析結果は、大正3遺跡から出土した土器が海洋性の水産資源、すなわちサケ類の調理に使用されていたことを示していました。

北海道島最古の土器の用途がサケの調理と結びついていたことは、十勝平野に暮らした先人たちが、十勝川を遡上するサケ類の恩恵を受けて悠久の文化を受け継いできた事実を物語っています。十勝川河口域には、縄文文化から歴史段階のアイヌ文化に至る人々の営みを示す多くの遺跡が知られています。十勝太若月遺跡や十勝太海岸段丘遺跡など、地表面から観察可能な住居群を含む八ヶ所集落跡遺跡と六ヶ所のチャシコツで構成される遺跡群は「十勝太遺跡群」として北海道指定史跡に指定されています。また十勝川河口地域のアイヌ民族の河と結びついた暮らしの様相は、十七世紀中葉以降の歴史文書やこの地を旅した人々の紀行文に度々記されてきました。

本書の内容に戻りましょう。旅の記録の中で、太平洋を挟みサーモン・ピープルを自称する先住民族同士がサケと自らの歴史文化の基盤を確認し、共通の立ち位置を確認する過程が繰り返し登場します。太平洋沿岸で暮らしてきたサーモン・ピープルにとって、サケは、本書において繰り返し示されるように生活を支える重要な食料源であり、生活の基盤でした。これからも自らのアイデンティティの依代として、重要な存在であり続けることでしょう。

北米北西海岸の先住民社会において毎年川へ帰ってくるサケは、「慈悲深いサケの王」からの送り物と理解されています。この世界観は、やはりサケをカムイチェプ（kamuy-cep：神の魚）と呼ぶアイヌ民族の世界観と相通じるものがあります。サケとの結びつきは精神的にも深く、その儀礼にも共通点を見出すことが可能です。アイヌ民族では、夏の終わり秋の始まりに川を登るサケを迎える儀式としてアシリチェプノミ（asir cep nomi：新しいサケを迎える儀式）が知られており、同様の儀式が、北米の北西海岸のサーモン・ピープルの間においては毎年最初のサケの到来を祝う儀式（First Salmon Ceremony）として知られています。コロンビア川流域に暮らす先住民社会では、サケが文化、食生活、社会、信仰と結びつき、セレモニーでは歌が歌われています。まさにサケと共に生きる人々としての「サーモン・ピープル」の矜持を、そこに見ることができるでしょう。

本書では、先住権としての漁業権を回復することの重要性が問われています。同時に先住権をめぐる取組みの中でもたらされた資源管理の課題と、伝統的漁法の検討からその長期的な効果についても示唆されています。

現在、環北太平洋域では回遊または遡上するサケ類の減少が深刻な課題となり、持続可能な資源管理に向けた取組みが試みられています。サケ類の漁獲量が減少する要因としては、海水温上昇など地球温暖化がサケ類のバイオマスや回遊に及ぼす影響に加えて、一方で沿岸部の都市化による生態系の破壊や、ダム建設による河川環境の悪化、さらには人工孵化による長期的な遺伝子の環境不適合まで、多様な要因が挙げられています。これらは、環境との整合性を無視した工業的な産業構造が長期的に導き出してきた結果と見ることも可能でしょう。

北米北西海岸では、先住民のネイションが生態学者や海洋生物学者を雇用し、連邦政府の資金を活用しながら伝統的な資源管理についての調査研究にも取組んでいます。先住民出身の研究者も育っています。先住権の回復は、かつて保持していた固有の権利の回復という点では、地域ごとの課題としての側面が強調されるでしょう。その一方でサーモン・ピープルによる権利回復の取組みは、長期的に見ると、環北太平洋沿岸地域の将来に向けた資源管理の問題とも密接に結びついているのです。

日本の先住民族であるアイヌ民族に経済的な漁業権を含めた先住権があることは、北海道島におけるアイヌ民族の歴史が明確に示しています。差間さんたちの闘いが、ラポロアイヌネイションとしての運動が、アイヌ民族の先住権の回復に大きく寄与する一歩となることを期待せずにいられません。そしてその取組みは、長期的にはＳＤＧｓ（持続可能な開発目標）と結びついた、地球社会が取組むべき世代を超えた課題でもあるのです。

２０２１年４月

第1章

サーモンピープルを訪ねる旅

Journey to the "Salmon people"

はじめに

私たちは、浦幌十勝川でサケを獲《と》りたいと願うアイヌの団体、ラポロアイヌネイション（旧称・浦幌アイヌ協会）です。

私たちは2020年8月、浦幌十勝川でのサケ捕獲権を回復するために、国と北海道を相手にした裁判を、札幌地方裁判所に起こしました。今、この裁判は多くのアイヌと和人の皆さんの支援を受けて進行中です。

私たちの先祖は浦幌十勝川のサケを食べ、冬の保存食としてきました。また、サケは交易品としてもとても重要でした。

私たちアイヌの命と暮らしを支えてきたサケを、再び、この浦幌十勝川で獲りたいということが、私たちの願いです。

そしてサケを獲る権利、それはアイヌがもともと持っていた先住権なのです。

私たちのサケ捕獲権の闘いは、2017年の北西アメリカインディアンの人々との交流から始まったと言っても過言ではありません。

2017年5月、私たちはアメリカ合衆国の北西部、ワシントン州のオリンピック半島に暮らすインディアントライブ（アメリカの先住民の集団）を訪問しました。

それは、この地域のトライブの人々も私たちと同じサーモンピープルであり、長い闘いの結果、サケを獲る権利を取り戻したということを聞いていたからです。

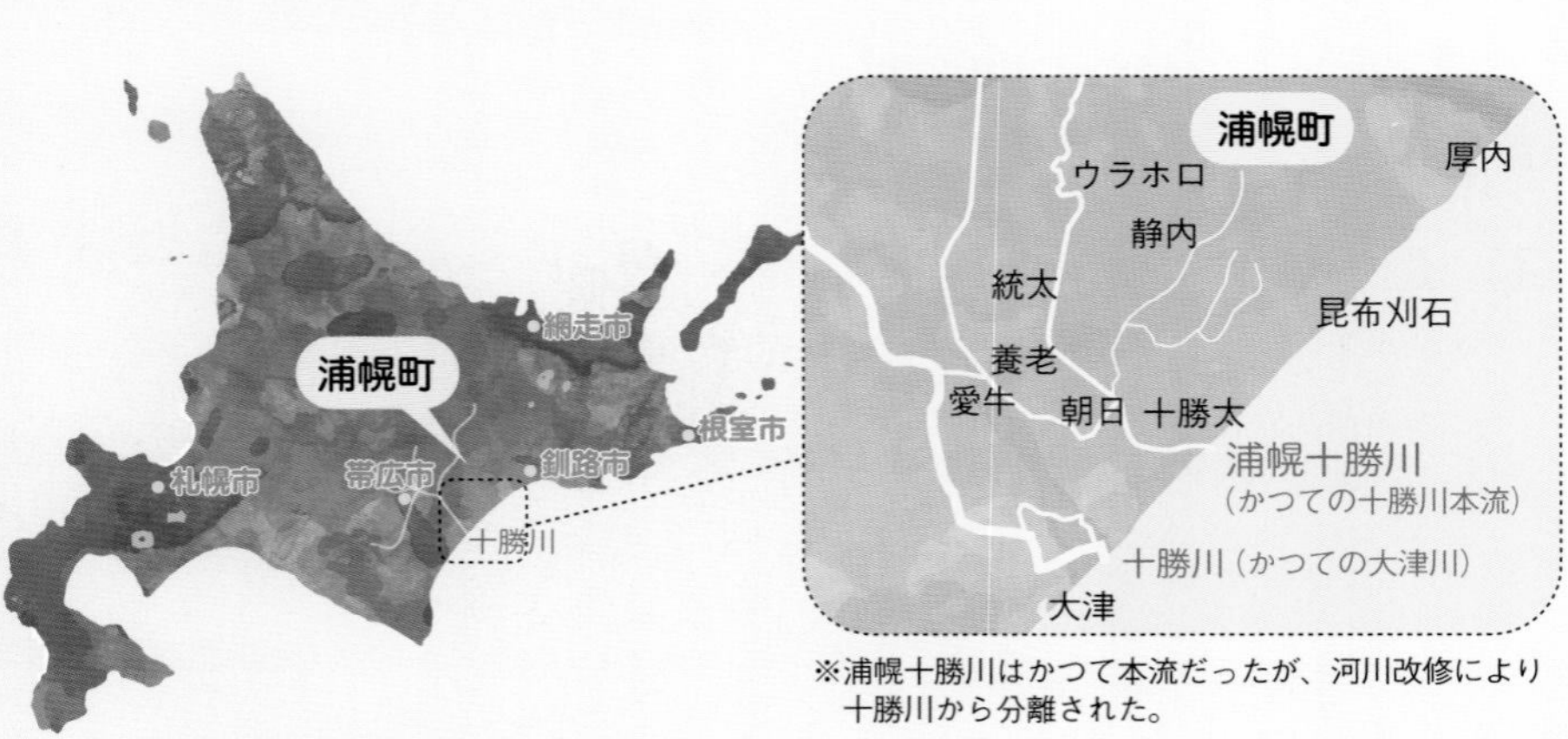

※浦幌十勝川はかつて本流だったが、河川改修により十勝川から分離された。

私たちアイヌは、明治になってから、ごくわずかな例外を除いて、川でのサケ漁を禁止されてきました。

アメリカのサーモンピープルはどのように権利を回復し、今はどのような暮らしをしているのでしょうか？　ぜひ、知りたいと思いました。

こうして実現したのが、〝アメリカ・サーモンピープルを訪ねる旅〟です。

アメリカインディアン法の権威であるコロラド大学ロースクールのチャールズ・ウィルキンソン教授は、

「この地域のトライブの人々にとってサケは重要な資源です。あなたたちアイヌも、サーモンピープルです。あなたたちもこれから、あなたたちのやり方で、サケを獲る権利を取り戻そうとするでしょう」

と言って、サーモンピープルを訪ねる旅をコーディネイトし、ガイドしてくださいました。

この章では、私たちがこのツアーで訪ねた場所や人々、見たことや学んだことをご紹介いたします。

このツアーから戻って3年後、私たちは浦幌アイヌ協会という名前を「ラポロアイヌネイション」に変更し、規約も改正して、サケ捕獲権を勝ちとるための裁判を起こしたのです。

RAPORO AINU NATION

〈旅人とサポーター〉

旅　　人	**差間正樹**	ラポロアイヌネイション（旧・浦幌アイヌ協会）会長
	差間啓全	ラポロアイヌネイション（旧・浦幌アイヌ協会）
	伊藤　翠	東京大学大学院／北大開示文書研究会/旅の記録・撮影
	藤野知明	映画監督/北大開示文書研究会/旅の記録・撮影
	殿平善彦	北大開示文書研究会共同代表（現地参加）
	市川守弘	アイヌ遺骨返還訴訟/サケ捕獲権確認訴訟弁護団長（現地参加）
	市川利美	北大開示文書研究会（現地参加）
旅のコーディネイター＆専門家ガイド		
	チャールズ・ウィルキンソン	*Charles F.Wilkinson* ；コロラド大学ロースクール教授
通　　訳	**殿平有子**	イラストレイター・ニューヨーク在住
ドライバー	**スティーブン・マクファーソン**	*Steven McPherson*；運転手、ジャーナリスト
サポート	**北大開示文書研究会／コタンの会／**	
	公益財団法人アイヌ文化振興・研究推進機構	

〈訪問地〉

アメリカワシントン州
オリンピック半島

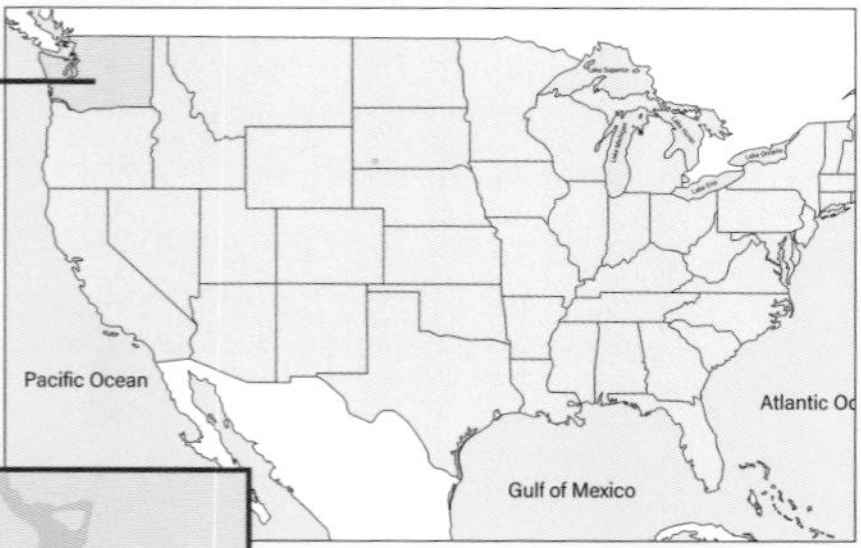

〈訪問した団体・トライブと出会った人々〉

◆ **The Northwest Indian Fisheries Commission：NWIFC 北西インディアン漁業委員会（Olympia）**

マイケル・グレイアム *Michael Grayum*；元委員長（retired Executive Director）
ジャスティン・パーカー *Justin R. Parker*；NWIFC委員長　Executive Director, Makah Tribe
エド・ジョンストン *Ed Johnstone*；クウィナルト漁業政策広報担当、Quinault Fisheries Policy Spokesperson, Quinault Indian Nation
フラン・ウィルシューセン *Fran Wilshusen*；生息環境局局長（Habitat Services Director）
ジム・ピーターズ *Jim Peters*；生息環境局、政策アナリスト（Habitat Services Habitat Policy Analyst）
マット・スティルソン *Matt Stilson*；ラボで魚の健康を研究・管理
ブルース・ステュワート *Bruce Stewart*；ラボで魚の健康を研究・管理

◆ **Makah Tribe マカトライブ（Neah Bay）**

グレイグ・アーノルド *Greig Arnold*；トライブ議会副議長（Vice Chairman of Makah Tribe Council）
ラッセル・スヴェック *Russell Svec*；マカ漁業局長（Makah Fisheries Manager）
ジョナサン・スコルディノ *Jonathan Scordino*；海洋哺乳類生物学者（Marine Mammal Biologist ）
ケイティ・ウルベル *Katie Wrube*；自然資源政策アナリスト（Natural Resource Policy Analyst）
ジェニーン・レッドフォード *Jenine Ledford*；マカ文化研究センター長（ Executive Director, Makah Cultural and Research Center：MCRC）
スペンサー・マッカーティ *Spencer McCarty*；文化伝承者（knowledge keeper）
ブライアン・パーカー *Brian Parker*；トライブメンバー、漁師、仮面彫り師
パトリック・デポー *Patric Depoe*；トライブ議会議員（Makah Tribe Council Member）
リア・ニューネカー *Leah Neuneker* ； トライブ議会議員（Makah Tribe Council Member）

◆ **Lower Elwha Klallam Tribe ローワーエルワクララムトライブ（Port Angels）**

マイケル・ピーターズ *Micheal A. Peters*；トライバルセンター最高責任者（CEO Tribal Center）
ラッセル（ラス）・ヘップファー *Russell N. Hepfer*；トライブ議会副議長（Vice Chairman, Tribal Headquarters of Lower Elwha Klallam Tribal Center）
ロバート・エロフソン *Robert Elofson*；自然資源局河川再生課課長（River Restoration Director, the Natural Resources Department）
フランシス・チャールズ *Frances G. Charles*；本部女性議長（Chairwoman, Tribal Headquarter of Lower Elwha Klallam Tribal Center）
ジャネット・キャメロン *Janet Cameron*；本部受付事務、マカ出身（Tribe Makah, Headquarters Tribal, Receptionist Clerical）

〈旅のスケジュール〉(2017年5月23日～5月31日)

5月23日	ワシントン州シアトル　タコマ国際空港に到着
5月24日	オリンピアにてチャールズさんと合流
5月25日	**北西インディアン漁業委員会(NWIFC)訪問** 漁業委員会とチャールズさんによるレクチャーと交流
5月26日	**マカトライブ訪問(26～29日)** レクチャーと交流
5月27日	マカ博物館ガイドツアー フラッタリー岬ハイキング(伝承者によるガイド)
5月28日	ウィンドソング号によるクルーズ 漁船の見学とランチ
5月29日	マカ遺骨返還のレクチャー マカ漁港で水揚げの見学
5月30日	**ローワーエルワクララムトライブ訪問** レクチャーとランチ エルワ川上流グラインズキャニオンダム跡の見学 エルワ川河口の見学と交流
5月31日	シアトル タコマ国際空港から日本へ帰国

闘うトライブのかなめ——北西インディアン漁業委員会

Northwest Indian Fisheries Commisson　NWIFC

北西インディアン漁業委員会の訪問

私たちがアメリカのサーモンピープルを訪問したのは、２０１７年5月末です。その時期は、私たちの本業である海洋での漁がない期間だからです。

最初に訪問したのは、シアトル空港の南、オリンピアという州都にオフィスがある北西インディアン漁業委員会です。ここでは、この委員会に属する20のトライブが、どのようにサケを獲る権利を始めとする先住権を回復してきたか、そして現在、どのような資源管理をおこなっているかを学びました。

特に鮮烈な印象だったのは、ニスクアリートライブ出身のビリー・フランク・ジュニアさんを始めとするトライブの人々が、ワシントン州による厳しい弾圧と闘いながら、最後は裁判闘争で勝利したということでした。それが１９７４年の「ボルト判決」です。この有名な判決によって、トライブの人々は、リザベーションの外でも白人と同等にサケを獲ることができるようになったのです。この判決は州法を上回る効力を持っていました。

今から約50年前までは、つまり「ボルト判決」以前は、ニスクアリー川をサケがのぼっても、川に網を入れると州の警察に逮捕され、網も舟も取り上げられました。逮捕され牢に入れられても、人々は繰り返し魚を獲り続けました。この時代のことは、「魚戦争（Fish Wars）」と呼ばれています。

それがボルト判決によって、トライブの人々は白人と同等の漁獲量、すなわち50％の漁獲量が保障されるようになったのです。判決の直前にはわずか2、3％だったのが、その10倍以上の権利が認められました。それればかりか、トライブが専門家や科学者を雇って、河川や海洋の資源管理をおこなうようになったのです。北西インディアン漁業委員会はこのときに設立されました。そしてこの「ボルト判決」の影響は、この地域の20のトライブだけでなく、アメリカ全土に広がったのです。

魚戦争

Fish Wars

北西インディアン漁業委員会本部棟内の廊下の壁一面に展示された「フィッシュ・ウォーズ（魚戦争）」の写真を、マイケル・グレイアムさんに説明していただきました。

（チャールズさんのレクチャー参照　20頁〜、128頁〜）

①壁に展示されたFish Warsの写真を見るチャールズさんと殿平さん

「ボルト判決」のきっかけとなった「魚戦争」

ここに展示されている写真は、1960年代から70年代初めの**「魚戦争」**と呼ばれた時代の写真です。

ワシントン州は、19世紀に結ばれた、トライブにリザベーション外でも「アメリカ市民と同等」の漁獲権を認めた条約に反して、トライブの権利を認めようとしませんでした。トライブに漁業権を与えない、という政策を主張していたのです。

これに対してトライブの人々は、州の政策に関係なく、魚を獲り続けました。

②の写真は、州警察がボートに乗っている女性から、網を引き剥がしているところです。この女性はニスクアリートライブのメンバーで、漁獲権を取り戻す闘いのリーダー、ビリー・フランクさんの最初の妻です。ビリー・フランクさんたちは、何度も逮捕されながらも闘いを貫いたので、**「牢屋男」**

②州警察がボートに乗っている先住民の女性から網を引き剥がしているところ

③州警察によって没収された漁網

④魚を獲って逮捕されたビリー・フランクさんの姪

と呼ばれています。ビリー・フランクさんは逮捕歴が55回あります。

男性が漁業権を行使して魚を獲ろうとすると捕まって牢屋に連れて行かれるので、男性がいない間は、女性が代わりに魚を獲るという重要な役割を果たした、ということです。

写真③に見える網は刺し網ですが、使い古されて捨ててしまうような網を、わざと使っていました。州警察に逮捕されると、ボートも魚も網もすべてを没収されてしまいます。どうせ没収されてしまうのでそのようにしていたのです。網にシロザケ（chum salmon）が見えますね。

こういう行動がすべて、結果的にアメリカ政府がワシントン州に対して訴訟を起こし、ボルト判事がトライブの漁業権を支持する重要な「ボルト判決」を下すまでに至ったきっかけとなる一連の行動になります。

④の写真の若い女性はビリー・フランクさんの姪になるのですが、こんなに若い女性が、ニスクアリー川で魚を獲ったということで逮捕されて、牢屋へ連れて行かれたのです。

ビリーさんはよく、こういった行動を、**権利を主張する「直接行動」**と呼びました。**書類上の権利ではなく、**

As the salmon disappear, so do our tribal cultures and treaty rights. We are at a crossroads, and we are running out of time.
—Billy Frank Jr., 1931-2014

⑤ビリー・フランク・ジュニア（Billy Frank Jr.）さん

⑥州警察による弾圧。催涙ガスが撒かれた

実際に魚を獲って行動に移す、そういう運動をおこなったのです。

⑤の写真がビリー・フランクさんです。残念なことに彼は、3年前の2014年に亡くなりました。早すぎた死だとみんな思っていますが、彼は亡くなった今でも、みんなの導きとなって先頭に立ち、人々を導いてくれています。

⑥の写真は漁業権を行使するという行動が広がって、キャンプというかたちで人が集まって行動することとなった時の写真です。

州警察が、キャンプに集まっている人々に対して催涙ガスを撒いて弾圧しようとしているところです。

アメリカ司法省の担当官がたまたまこの場面に居合わせて、催涙ガスを浴びてしまいました。のちに、連邦政府は州に対して訴訟を起こす手続きに入りました（この訴訟がトライブの条約の権利を認めた1974年のボルト判決につながったのです）。

ヘルメットをかぶっているのはすべて州警察ですね。

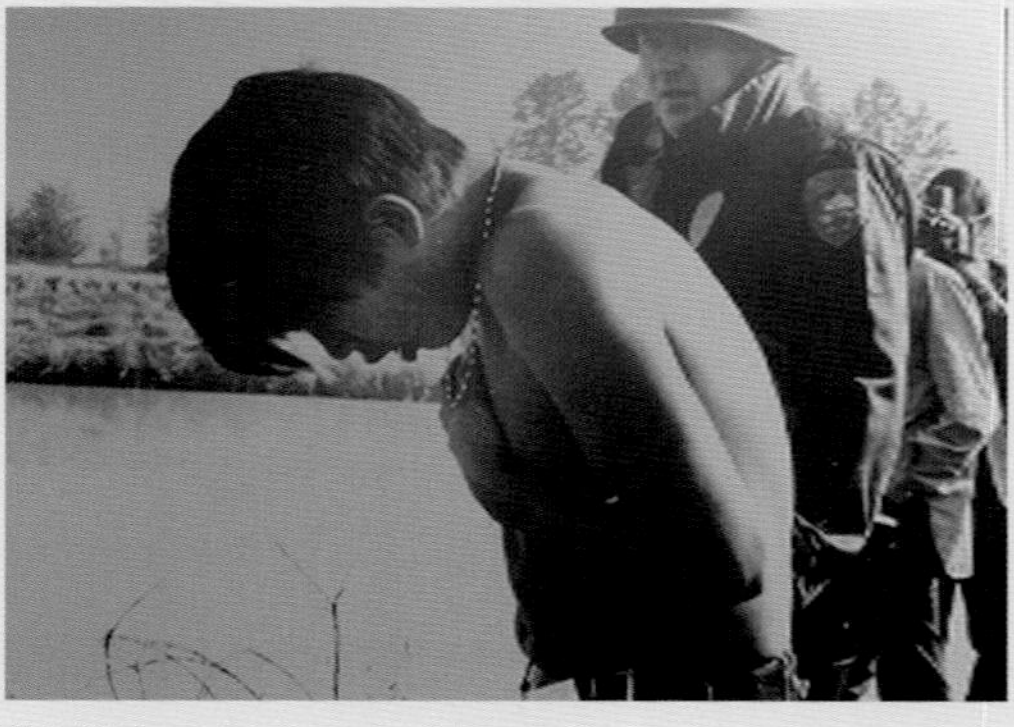

⑦州警察に連行された少年

⑧6人の牢屋男たち

写真⑦の少年は、州の警察に逮捕されているところなのですが、おもしろいことに、最近ここのオフィスに来た人が、「これは自分なんですよ!」と言いましたよ。

この一連の運動が注目を集めるきっかけとなったのは、有名な俳優を連れてきて一緒に行動したということです。

例えば有名なマーロン・ブランドという俳優は、実際にキャンプに参加してボートに乗り、ニジマスを捕まえたりしました。

こういった闘いがなされ、最終的には裁判所で訴訟が起こされて、漁業権が確立することにつながったのです。

「牢屋男」と呼ばれた男たち

こちらの壁一面の写真は、ビリー・フランクさんの名誉を讃える一連の写真になります。

写真⑧の6人は、ニスクアリー川の漁師たちですが、ビリーさんが「牢屋男」と呼んでいた、よく逮捕されていた6人の男たちです。右から3人目以外の方はみんな亡くなっています。

ビリー・フランクさんは国内でも国際的にもたくさんの賞を受賞していますし、政治の世界でも活躍しました。例えばオバマ大統領やハワイの有名な日系ハワイアンのイノウエ議員などとも非常に親交が深かったのです。イノウエ議員は(写真⑨)、インディアンの人々のための法を通すために最も活躍した議員でした。

⑨イノウエ議員とビリー・フランクさん

[レクチャー]

トライブはいかにして漁業権を取り戻したか

チャールズ・ウィルキンソン
コロラド大学 ロースクール教授
[インディアン法]

北西アメリカインディアントライブがどのようにして漁業権を取り戻したか、チャールズ・ウィルキンソンさんにレクチャーしていただきました。

＊

◆司法・法によって変えていく

この旅の中で重要なことは、みなさんが質問を投げかけていろいろなことを確認することです。

私が今日お話することは法に関することが多いのですが、ここに属する**トライブの人々が、行動を起こすにあたってはじめに考えたのは、司法、法によって変えていくということ**です。法というシステムを使って成し遂げた素晴らしいことがたくさんあります。トライブのために精力的に働く弁護士が20人くらいいたので、達成することができました。

基本的なアメリカの法システムと日本のそれは違っています。重要なことのひとつは、アメリカの法では裁判所、

チャールズさんのレクチャーを受ける差間さんたち

法廷が政府行政を上回る力を持ってい
て、政府の決定を覆す力を持っている
ことです。これはアメリカの民主主義
制度の基本です。

大学から先祖の遺骨を取り戻して先祖を慰霊する儀式を行う
ラポロアイヌネイション

◆裁判を通して成し遂げたアイヌ遺骨返還

これに対して日本では、多くの場合、裁判所の判事が、行政政府側がこう決めたからと、それに従う傾向があるのです。しかしみなさんは、裁判を通して、先祖の遺骨返還を成し遂げました。みなさんのアイヌ遺骨返還についての動きは、裁判所の判事に対して返還が実現するよう働きかけた、素晴らしいものです。

こちらのトライブの人々が達成したことと同じことを、日本で達成するのは難しいかもしれません。それは裁判所の力が違ってくるからですね。

オバマ政権はアメリカ先住民にとても良いサポートをしてくれました。しかし歴史的にみると、アメリカ政府も日本政府も、先住民に対して不当な扱いをしてきました。

一つ強調したいのが、トライブの人々自身が漁業権の回復のためのリーダーである、ということです。

◆先住権が笑われていた50年前、トライブは漁業権を勝ちとった

トライブの人々が漁業委員会を通じて達成したことをお話したいと思います。

50年前の時代は、この地域の人々すべてが、トライブの人々に対して反対の立場でした。トライブの人々は魚を獲る権利などない、州の法律に違反している、ということです。

それが50年経った今では、環境保護のためのリーダーととらえられていて、周りの人々から歓迎される立場になっているのです。

これを成し遂げる大きな力になったのは、この漁業委員会や個々のトライブ、そして委員長のジャスティン・パーカーさんやマイケル・グレイアムさん、ビリー・フランク・ジュニアさんなど、これらの組織につながる多くの人々の存在です。

◆同じサーモンピープルとして、最もパワフルなサケ捕獲権の回復に学ぶ

先日（２０１６年）来日したときに、差間さんとお話して感じたのは、アイヌの人々が置かれている状況、そして成し遂げようとしていることは、こちらのトライブの人々ととても共通しているということです。あなたたちは、同じ種類のサケを獲る、サーモンピープルです。ですからそのとき私が思ったのは、皆さんにまず第一歩として、こちらの委員会やトライブの人々に会ってもらい、そこからあなたたちが何をできるかを学んでほしいということでした。

こちらのトライブの人々の手でなされた出来事がたくさんあります。裁判所の持つ力の違いのせいで、日本では達成が困難なこともたくさんあると思いますが、アイヌの皆さんの先祖の遺骨返還について考えてみると、これを達成したということは、返還の障害になるような人々や団体などを乗り越えて達成されたということですから、重要なことだと思います。

みなさんが次に成し遂げようとしていることは、漁業権についてだと思います。

ここワシントン州で達成された漁業権の回復というのは、アメリカで最も強力な力を持つに至った漁業権の確立になります。それと同じということにはならないでしょう。どのように日本にこれを持っていけるのかを考える必要があると思います。

◆土地と漁業権をめぐる闘い——ニスクアリートライブを例に

まず、アメリカの法と日本の法が、どこで異なる方向に向かったのかについて考えてみましょう。

１８５０年頃には、アメリカの中央政府も日本の政府も同じ目的をもっていました。このときには、アメリカも日本も、先住民の土地を手に入れたいと思っていたのです。アメリカも日本も先住民を追い出して土地を手に入れたいと思っていました。先住民はその土地にいるべきではな

い、と考えていたのです。

その当時のアメリカの法について、私たちが今いるニスクアリー川流域の土地を例に、お話しします。ニスクアリー川はレーニア山からピュージェット湾に流れている川です。

1854年にニスクアリーの土地について、アメリカ政府とピュージェット湾周辺の9つのトライブの間でメディスンクリーク条約が締結されました。この条約が締結される前まではアイザック・スティーブンス・ワシントン準州長官が、可能な限りの先住民の土地を入手しようとしていました。

アメリカの法では、このニスクアリー川の流域の土地は、(イギリスから領土を得た)アメリカ合衆国と、先住民であるニスクアリートライブの両者に権利があります。

そこで、アメリカはニスクアリーの土地を得るために、トライブとの条約という形を使いました。それはとても大きな意味があることでした。なぜなら、その当時、欧米では先住民は土地に対する権利を持たない、と考える人が多かったからです。他方、ニスクアリートライブは自分たちに権利がある土地だと主張していました。[*1]

◆主権をもつ国家としてのトライブ

この争いで、アメリカの裁判所の判決が重要な意味を持って登場します。連邦最高裁長官ジョン・マーシャルという、歴史上もっとも偉大な判事がいました。マーシャル判事は、メディスンクリーク条約ができるよりも30年ほど遡った1832年の時点ですでに、**トライブは土地についての権利を持ち、主権を持ち、ネイション(国家)である**という、有名な判決を出していたのです。

アメリカ政府もネイション(国家)であり、トライブもネイションです。ですから、**アメリカ政府とトライブは、対等なネイション同士として、条約を結びました。**これが、1854年のメディスンクリーク条約です。ニスクアリートライブを含む複数のトライブとアメリカ合衆国の条約です。このように、アメリカの法のシステムは、まず裁判を通じてトライブは土地を所有し主権をもつ国家であることが認められ、これにより条約が締結された[*2]のです。

ワシントン州というのは日本に例えると北海道という地方の自治体のようなものですね。ワシントン州の中にいるアメリカ人は、先住民の人々を追い出して土地を取ってしまおうという方向で考えていました。

しかし、ワシントンDC（連邦政府）の司法省長官は、アメリカの法に基づくと先住民の人々はネイションであり、土地の権利があるので条約を結ぶ必要がある、勝手に白人が入っていって追い出すわけにはいかない、と主張しました。

遺骨返還に重ねて説明すると、**遺骨返還というのはネイションが遺骨を返還請求する権利を持つ、ということを認めた国際法に基づいて成り立っています。**

国連先住民族権利宣言が保障しているのは、先住民のネイションには自決権がある、ということです。[*3]日本もそれにサインしていますし、日本政府はその宣言を認識しています。

＊1　現在のワシントン州は、条約が結ばれた当時、まだ州ではなくテリトリーと呼ばれる準州でした（1853年〜1889年）。初代準州長官はアイザック・スティーブンスです。

＊2　これに対して日本政府はアイヌに対して条約を締結することなく北海道を日本の領土にしました。ここが日本とアメリカの先住民に対する制度の大きな違いです。

＊3　〈国連先住民族の権利宣言第3条〉先住民族は、自決の権利を有する。〈宣言第12条1項〉先住民族は、その精神的及び宗教的な伝統、慣習及び儀式を表現し、実践し、発展させ、及び教育する権利、その宗教的及び文化的な場所を維持し、保護し及び干渉を受けることなく立ち入る権利、儀式用具の使用及び管理の権利並びにその遺体及び遺骨の返還に対する権利を有する。

◆1854年　メディスンクリーク条約——交渉と内容

the Treaty of Medicine Creek

条約は、この地域から広がり、アラスカとハワイ以外のアメリカ全州で重要な手段となりました。条約がアメリカ政府とトライブの間でどのように締結され、どのような内容だったかを説明していきたいと思います。

当時、ワシントンは準州という呼ばれ方でしたが、その中の5つの場所で交渉を行うというところから始まりました。

みなさんは、シアトルから南下してこのオリンピア市に来たと思います。ここはピュージェット湾の最南部にあたります。最も初期の条約の交渉は、まさにこの辺の地域、ニスクアリー川の河口のあたりで、1854年のクリスマスの直前に始まりました。アイザック・スティーブンス・ワシントン準州長官がすべての条約の交渉を行いましたが、まず、この地域にいるニスクアリー、スクワソンアイランド、もう一つはピュアラップという3つのトライブと交渉しました。

これから、そのときに成立した5つの条約（34頁）の一つ、メディスンクリーク条約についてお話しします。その内容はほかの4つの条約にも関わり、反映する内容になります。

条約交渉では、アメリカ政府側が軍事的に力を持っていたので優位な立場にありました。準州内でも軍事力を集めることができましたし、その他の州からも軍事力を集めることができました。

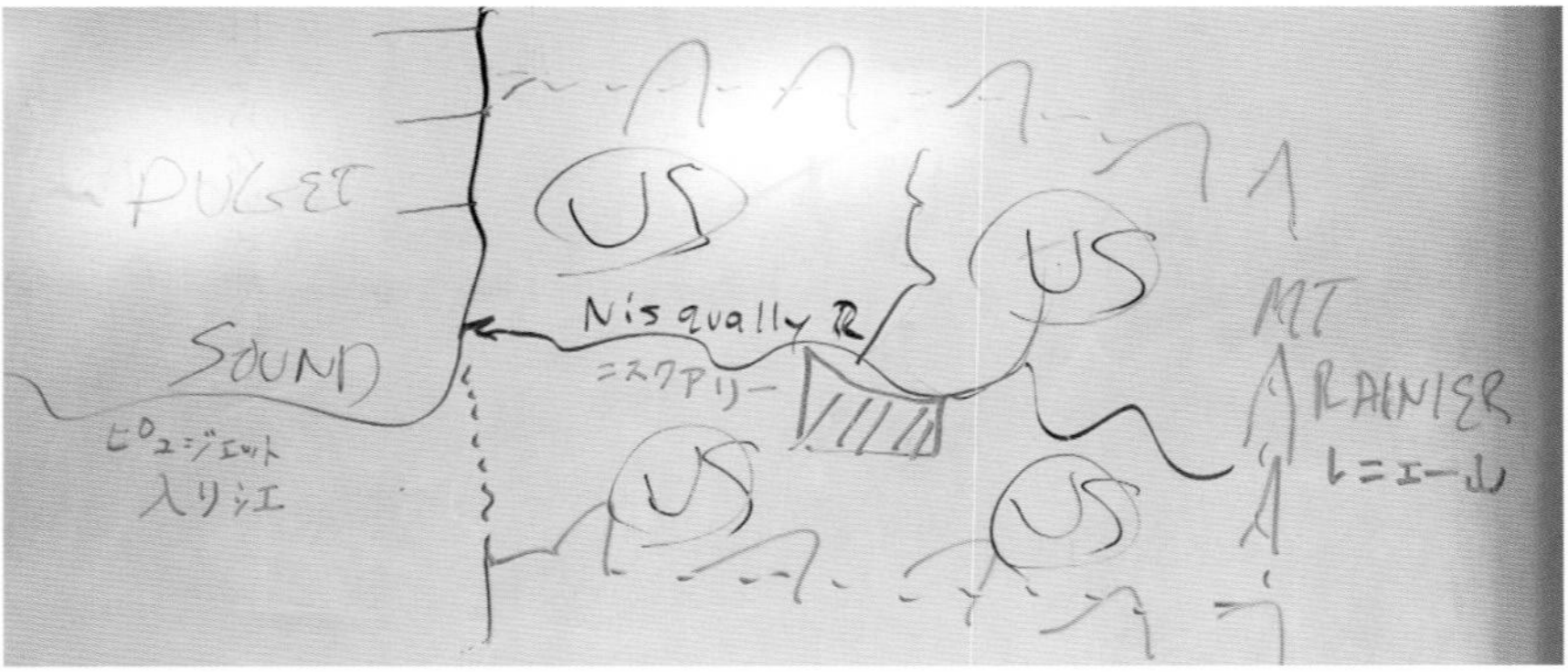

チャールズさんがメディスンクリーク条約の説明のために、ホワイトボードに手描きした地図。
地図の右のMt. Rainier（レニエ山）から、左のPuget Sound（ピュージェット湾）にNisqually River（ニスクアリー川）が流れています。その流域の土地はトライブの領土でしたが、条約によってほとんど（U.S.と表示）が連邦政府の土地になり、リザベーションとしてトライブに残されたのは、赤い斜線の長方形だけです。

それに対してトライブの人々は弓矢、槍、少しの銃くらいしかありませんでした。政府も当時軍事衝突には持ち込みたくないという考えでしたが、例え武力衝突が起きたとしても、アメリカ政府側がかなり優勢だったでしょう。

ニスクアリーは、土地の面では、相当悪い条件で条約を結ばなければならない状態にありました。そのあとに条約交渉した他のトライブは、ニスクアリーがアイザック・スティーブンスと結んだ条約から、相当悪い条件で条約を結ばなければならないということを学んだのです。ニスクアリーが悪い条件で条約を結んだことを学んだ他のトライブは、より広範囲の土地を得ることができたわけです。本来持っていた土地の3分の1〜4分の1ほどの土地を得ることができました。

◆リザベーションの外の漁業権を勝ちとったニスクアリートライブ　Nisqually Tribe

ニスクアリートライブは、ニスクアリー川流域の広大な土地に権利を持っていたにも関わらず、

1．わずかな土地を自分たちのものとして確保し（リザベーション＝居留区）
2．残りの土地はすべてアメリカ政府に譲り渡す

という条約を結びました。

ニスクアリー川流域一帯で、ニスクアリーが獲得できた土地は本当にわずかで、それ以外のほとんどの土地をアメリカ政府が開拓できるということになってしまいました。ニスクアリーの人々にとって非常に不公平な条約でした。

しかし、ニスクアリーのリーダーは、条約の3つ目の内容として、非常に重要な要素を要求しました。**ニスクアリーの人々はサーモンピープルだったので、サケを獲る権利を主張**しました。すなわち、ニスクアリーは土地の獲得だけでなく、自分たちは漁業権を行使できるということを

主張したのです。漁業権が認められなければ戦う準備があると主張して、漁業権を獲得することに成功したわけです。

ニスクアリートライブは、

3．権利を持つ土地（リザベーション）の中だけでなく、リザベーションの外でも、「アメリカ市民と同等の」漁獲権、自然資源を採る権利がある

ことを、条約で保障させたわけです（26頁の手描きの地図参照。赤斜線の長方形＝リザベーションの外でも、漁業権などを認めた）。

みなさんは、ここアメリカ北西部で実現した先住権の知識を日本に持ち帰ると思いますが、北海道における状況ととても似ているから、ここに来て学ばれているのだと思います。今ここで説明した条約の内容は、アメリカのほかの条約とは違うところがあります。

リザベーションの外でトライブの人々が漁業、狩猟、採集ができる権利は、現在のワシントン州西部地域で結ばれた5つの条約以外では存在しません。それ以外の地域の条約では、権利はリザベーションの中だけで認められているにすぎないのです。

漁業委員会でレクチャーするチャールズさん

◆一世紀以上続いた漁業権の侵害と「魚戦争 Fish Wars」

リザベーションの外でのトライブの権利について説明します。

1854年のメディスンクリーク条約成立後すぐに、条約に基づく漁業権がトライブにあるにもかかわらず、州は、リザベーションの外で魚を獲る人々を取り締まり始めました。インディアンでない人々がトライブの漁業権を無視し侵害し始めました。棍棒などを使って、魚を獲るトライブの人々に暴力を加えるようになりました。

条約で成立した権利を行使しただけなのに、暴力にあったり、殺されたりしてしまうトライブの人々が出てきました。その状況は一世紀以上も続きました。逮捕に次ぐ逮捕や暴力にさらされ続けました。

１９５４年に飛びますが、その当時でも、条約によって認められているリザベーション外での漁業権を回復しようという主張がされたものならば、不可能だと笑い者にされました。

今アイヌの人々が置かれている状況を想像してもらえればわかりますが、トライブの人々が漁業権を持つということは、その当時、今では想像できないほど可能性の低いこととみられていたのです。不可能なことでした。そこでトライブの人々は自ら話し合いを始め、その間も自分たちで魚を獲り続けたのです。より多くの人々が魚を獲り始めました。

それに従って州政府側も警官を送り込んで逮捕や弾圧を加えていきました。その当時のひどい弾圧の写真が、この漁業委員会本部の廊下に展示されています（16〜19頁「魚戦争」）。

過酷な状況をくぐり抜けて、それでも魚を獲ることを止めようとする力に抵抗してきた人々の歴史が、今の漁業委員会などの力になっているのです。

◆１９７４年 先住民に50％の漁獲権を認めた「ボルト判決 Boldt Decision」

そうした動きはその後、訴訟という動きに続きました。そこでトライブが主張していたのは、「アメリカ市民と同等に（in common with）」という条約の文言が意味しているのは、トライブにも魚を獲る権利があるということです。

連邦政府のシステムについて申し上げますと、連邦政府の法律は各州の州法よりも優先するということです。もし連邦政府が先住民に魚を獲る権利があるといえば、州政府がないと主張しても主張は通るわけです。

この訴訟は、「アメリカ連邦政府 対 ワシントン州」といいます。

連邦最高裁長官ジョン・マーシャルはすでに１８３２年に、「連邦政府は、トライブに対する信託に基づく義務を負っている」[*4]ということを言いました。そこで、トライブの人々はワシントンDCのホワイトハウスや司法省に行って、「『政府はトライブに対して信託的責務を負っている』のだから、私たちトライブのために訴訟を起こしてください、私たちの条約で認められている権利を守ってください」と訴えたのです。

連邦政府がトライブのためにワシントン州を相手に起こした裁判において、ジョン・ボルト連邦判事は、とても保守的な大統領に任命された判事ではありましたが、重要な二つの内容を含む判決を下したのです。

一つ目は、**トライブがリザベーションの外でインディアンでない人々と同等の権利を持つ**という条約の文言は有効である、という連邦政府の主張を認めたことです。州政府が反対したとしても、条約に基づいて同等の権利があることを認めたのです。

二つ目は、非常に重要になるのですが、トライブの人々が主張したのは、「同等に」という言葉の意味するところは、**すべての捕獲量に対して、トライブでない市民と同等な同じ量の捕獲権がある**ということです。

当時トライブは全体の２〜３％しか捕獲量を有していませんでした。この辺では漁業は木材生産と同じくらいの規模の二大産業でした。そのような状況で、**ボルト判事は、トライブはすべての海産物の漁獲量の50％の権利を認める、という判決を下した**[*5]のです。

サーモンピープルというのはアメリカの中でもこの辺の地域のみにいるのですが、この判決は、アメリカ中のトライブに力を与え、大きな影響を及ぼしました。判決後、トライブは捕獲権を次第に増やして、わずか10年という期間で50％までの漁獲量となったわけです。

ここの漁業委員会はこのとき、１９７４年に成立しました。委員会をつうじて、最初は漁業権というものを実際に実現するという行動から始まり、次第に、この地域一帯の資源を保護・管理するようになりました。先ほどエド・ジョンストンさんが資源の保護管理について説明してくれましたが（49頁）、天然資源の保護・管理というところまで実現できたのです。

１９５０年代には漁業権さえ認められていなかったのに、トライブに資源管理が認められるなどということは、およそ考えられないことでした。一人の科学者も、科学的なスキルやデータも、何一つ持っていなかったからです。しかし、トライブはそれを成し遂げました。

さらにすごいことは、ニスクアリーの野生動物保護区の一つに、ビリー・フランク・ジュニアの名前が採用されことです。ニスクアリー川の河口というのは、ビリー・フランク・ジュニアが育った場所です。彼が初めに逮捕されたのは14歳で、その後もずっと活動を続けてきたのです。

＊4　トライブと連邦政府の信託的責務　トライブと連邦政府との間には、条約や連邦法、判決によって認められている信託に基づく責務という独特の関係があります。この信託的責務に基づいて、連邦政府はトライブに対して、条約によって認められた漁業権を保護することも含めた法的義務が確立しています。トライブは主権国家ですが、連邦政府はトライブに対して、トライブの資源や条約の権利を保護する信託的責務を負っているのです。
北西インディアン漁業委員会ＮＷＩＦＣのウエブサイト／Understanding Tribal Treaty Rights in Western Washington

＊5　州を拘束するボルト判決　アメリカでは議会で成立した「法律」とともに裁判で確立した「判例」もまた一つの法として理解されています。法律で定められていなくても、判例で認められれば、法として適用されるのです。（参照『アイヌの法的地位と国の不正義』）

北西インディアン漁業委員会——その歴史と戦略

北西インディアン漁業委員会の皆さんに、所属する20のトライブがどのように権利を回復し拡充してきたかについて、お話をうかがいました。

【トライブの主権と条約に基づく権利】

ジャスティン・パーカーさん
NWIFC委員長

ジャスティン・パーカーさんのお話

ここの漁業委員会の代表です。前代表のグレイアムさんの11年間の仕事を受け継ぐ形で頑張っています。マカトライブの出身です。今週末にみなさんが訪れるニアベイで育ちました。

もともとマカで漁をしていました。9歳の頃、初めて父と一緒にカヌーに乗って、刺し網漁をしました。若いころは兄弟や親と一緒に漁をして暮らしていました。

その後オリンピアに移り、17年間、漁業委員会で働き、事務局長を務めながら、政策アドバイザーとして州政府、連邦政府といろいろな仕事をしてきました。

◆「トライブの主権」の意味

私の出身のマカトライブは、1855年に合衆国政府とニアベイ条約を結びましたが、

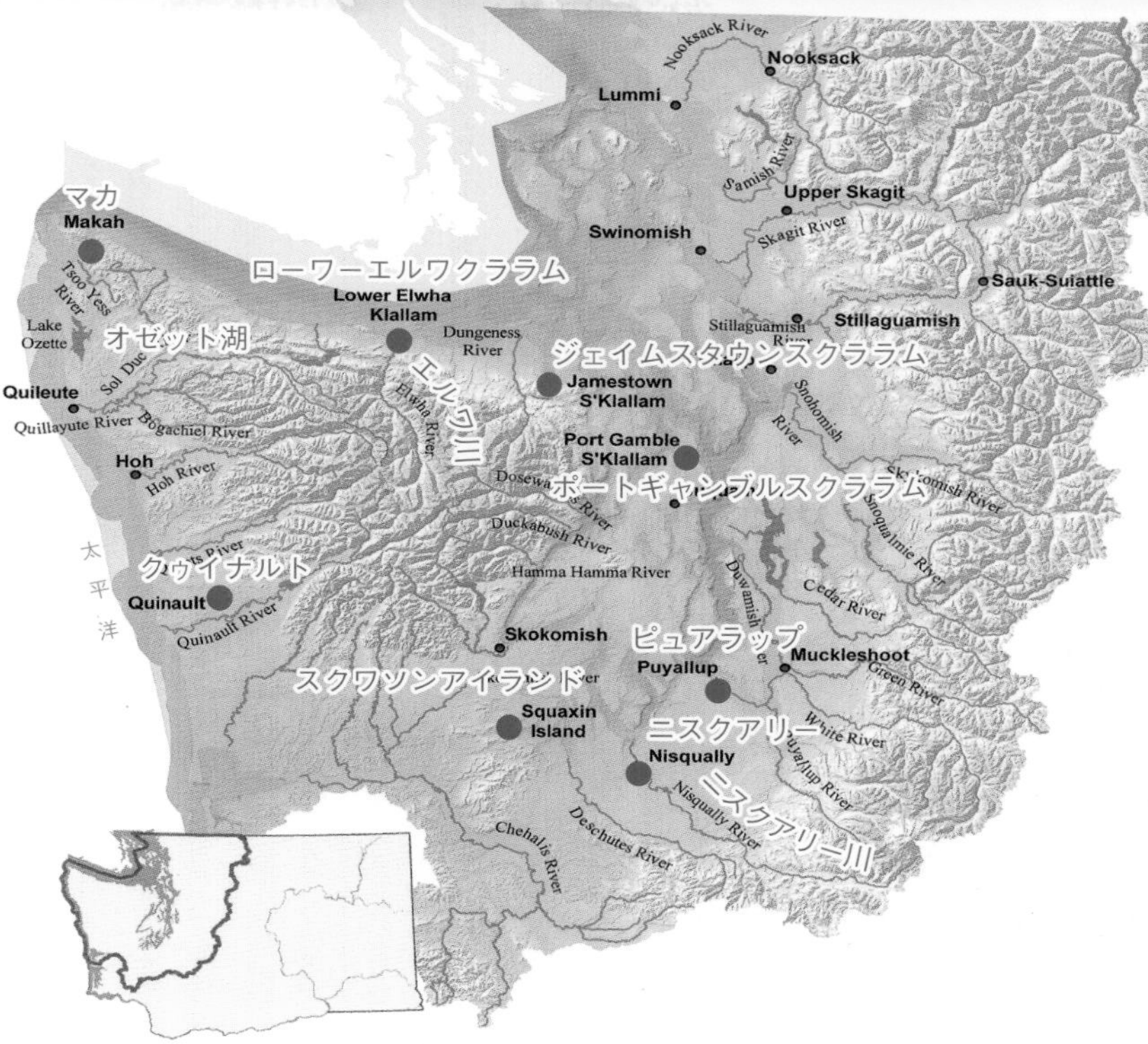

北西インディアン漁業委員会に所属する20のトライブ

この条約で保障されているのは漁業権、狩猟権、採集の権利です。

漁業委員会に所属する20トライブはすべて、連邦政府と関係を持ち、自治権を持っています。

各トライブはそれぞれが主権を持っています。

主権をもつということは、

1　トライブの自決権
2　だれがトライブのメンバーかを決める権利
3　トライブの土地や自然資源の管理権
4　商取引や家族法などの法関係を決める権利
5　連邦政府とのあいだで、政府と政府として交渉する権利

を各トライブがもっていることを意味します。

◆トライブの権利と条約

連邦政府は各トライブに主権があることを認めています。

政府は、西部開拓の歴史の中で、自分の土地を広げるためにトライブとの条約を利用しようとしました。そして私たちは、自分たちの漁業、狩猟、採集の権利を主張するために、条約を利用してきました。

条約は、必ずしも先住権を「与える」というものではありません。トライブがもともと持っている権利を明記したものです。
同じアメリカ国内でも、アラスカには先住権があると明記された条約がないので、元々ある権利を主張することが難しくなっています。

◆ワシントン州における5つの条約

アメリカ憲法では、憲法、連邦法及びすべての条約は「土地」についての最高法規であり、州法はそれに反することができないとされています。

ワシントン準州長官だったアイザック・スティーブンスが連邦政府の代表として1854～55年の間に結んだ5つの条約があります。

(1) メディスンクリーク条約(1854年)
(2) ニアベイ条約(1855年)
(3) オリンピア条約(1855・56年)
(4) ポイントエリオット条約(1855年)
(5) ポイントノーポイント条約(1855年)

これらはいずれもトライブとアメリカ政府が結んだ条約で、使われている言語や内容が似ていて、漁業権、狩猟権、採集権のほかに医療や教育の保障などが明記されています。マカが結んだニアベイ条約は、クジラ猟が明記されている点で、とてもユニークな条約となっています。私自身、ニアベイ条約の原本にサインされた私のひいひいおじいさんの名前を見たときは、とても感慨深かったです。

条約の時代から駆け足で進みますが、1960年代から70年代初めに、条約で保障されたはずのトライブの権利が守られないことに対して、「魚戦争」と呼ばれる抵抗の時代がありました。

Billy《ビリー》 Frank《フランク》,Jr.《ジュニア》の教え

ビデオ

「カギとなる種が失われると全体の生態系が崩れるということ」より

ビリーさんは、漁業委員会の代表として30年間活躍し、人生をかけて出身トライブのニスクアリーの人々だけでなく、サーモンピープル全体のために働いてきました。
サーモンについてもトライブの中心となるような活動をされてきました。

物事は　長い目で考えなければならない．

自分たち　そしてすべての人のためになることを　考えなければならない．

太陽に向かって祈ったり　月に向かって祈ったりすることが　大切なことなのです．

水に　動物に　話しかけて対話ができるということが　とても大切なことです．

また来年　戻ってきてくれるように話しかけなければなりません．

サケは　川へのアクセスがなければならない．

海へ行き　また川へ戻ってくることができるように　その入り口を　開かなければならない．

インディアンは　すべてをもっていた．

薬も　芸術も　音楽も　ダンスも　すべて　私たちはどういうものか知っていました．

白人が　私たちのところにやってくる　ずいぶん前から　白人がいるということも　知っていた．

彼らが来たときは　お腹を空かせ何を食べるべきなのかも　わからなかった．

そこで　何が食べられるのかを　教えました．

私たちはみんな　地球の表面を歩く者として　一緒に行動し　一緒に戦い　歴史を学ばなければならない．

何を意味するのかを　何ができるのかを　考えなければならない．

自分のトライブの人を　助けなければなりません．　人生をかけて　その仕事をしなければなりません．

途中でやめたり　諦めたりしてはなりません．

短い人生の時間を使って何をするか　考えていかなければなりません．

もしサーモンが消えたら　トライブの文化も消えてしまい　条約による権利も消えてしまう．

私たちは時間もなく　岐路に立っている．

（ビリー・フランク・ジュニア）

【ワシントン州 対 連邦政府の訴訟 最近の事例――ラフィーディー判決とカルバート判決】

ジム・ピーターズさん
NWIFC 生息環境局
政策アナリスト

ジム・ピーターズさんのお話

私はこの漁業委員会で政策のアナリストとして働いています。その前にも天然資源管理の専門家として37年間働いてきました。州政府、連邦政府、トライブを相手として資源管理の仕事をしてきています。私の出身であるスクワソンアイランドトライブ*の長もやっていましたし、トライブ議会の長もやりました。

私の祖父母は、近くのマットベイというところで、昔から貝の採集と交易を長年してきました。私の兄弟は、カキの採集と販売の会社を経営していて今も続いています。

私の漁業委員会での役割は、天然資源を破壊しないために木材会社に対してどのようなアドバイスを与えるか、などの仕事です。

私は少年時代、家族と魚を捕りながら生活していたのですが、網を直すときに小屋の中で隠れるようにしてやっていたのです。私は子どものときからアイデンティティに誇りを持っていましたが、父はインディアンであることが周囲にわからないように、夏、30度を超えるほど暑い日でも、外ではなく小屋の中で網の修理をおこなっていました。このことを母から聞いたときは、衝撃的でした。

大きな転機となったのは最高裁の判決でした。さまざまな訴訟で勝訴のケースが続き、隠れて網を直さなくても良いようになったのです。

それでも例えば、ある女性がやってきて網をナイフで切ってしまう、といった嫌がらせを受けました。警察もそれに対して動かなかったのですが、ついには司法省が出てきて、「嫌がらせをやめないとあなたたちが逮捕されますよ」と言うようになりました。

貝類を捕獲採取するトライブの人々（写真：Squaxin Island Tribe の Website より）

◆裁判事例Ⅰ　1994年　ラフィーディー判決

Shellfish Case：Rafeedie Decision

最近の判決について、まず、1994年のラフィーディー判決について説明します。

これはカニやエビなどの甲殻類と貝類やウニ・ナマコなど（shellfish）の捕獲権をめぐる訴訟です。トライブの人々が伝統的な慣習として貝類・甲殻類などを捕獲採集していたのですが、その範囲を広げていくにしたがって、そのトライブメンバーを逮捕するなどの取締りが行われるようになりました。そこで、サケと同様の権利を貝類や甲殻類についても認めてもらうために訴訟を起こしたものです。

1974年のボルト判決に続くラフィーディー判決によって、トライブの人々は、リザベーションの外でも貝類・甲殻類やウニ・ナマコなどを採集する権利を獲得しました。

採集権が認められた貝類は、カキやハマグリ、グイダック（アメリカミルガイ）などですが、特にグイダックについては近代的な手法で採集する権利も認められました。

貝類の採集は、他の漁業のように沖に出て獲るものではなく、一定の場所にとどまって行うものです。

＊　スクワソンアイランドトライブは、ピュージェット湾の入江に暮らすトライブ。1854年、ニクスアリートライブなどと共に、連邦政府との間でメディスンクリーク条約を締結する。

グイダックは、100年ほど生きるものです。トライブとして養殖も始めていますが、ほとんどは野生の貝類を採っています。この貝類の捕獲権については、社会一般の反対というものはあまりありませんでした。すでにそのときにはサケの権利なども認められていましたし、トライブは漁業権を持っているという認識が広まっていたという理由もあります。

しかし、貝類を採って加工販売していた企業との交渉は、難しいものがありました。企業側は、それまで貝類資源を得ていた干潟をトライブに明け渡すことはできないと主張しました。それで、実際に一定の区画でどれほどの貝類が採集できるのかを、データとして明らかにするための調査をしなければなりませんでした。その調査はとても時間がかかるものでした。

最終的には、州と企業側がトライブに補償金を支払い、そのお金でトライブが一定の干潟を購入するという形で和解に至りました。

貝類の捕獲場所は、州の土地と私有地がありましたが、それらの場所での50％の権利を認められました。捕獲量についてですが、スクワソンアイランドというトライブはとても小さなトライブなのですが、約250人が月に2回、貝の捕獲を行っています。捕獲高は、年間204～227トン、グイダックは年間136～170トン捕獲しています。

◆裁判事例Ⅱ　2013年　カルバート判決　Culvert Decision

次にご紹介するのは、2013年のカルバート判決です。

カルバートとは、道路や鉄道などの下を沢や川の水が流れるようにした導管（暗渠《あんきょ》）のことですが、作りが悪かったのかサケが上がって来なくなり、結果的に漁獲量が減ってしまいました。そこで、1998年ころから、州に対してカルバートの改修工事を要求しましたが、州がなかなか応じないため、2001年に訴訟を起こしたのです。

奥に見えるカルバートの作りが悪いせいだろうか、サケが手前で大量に死んでいる
（写真：ワシントン州魚類野生生物局より）

州は提訴後もトライブがカルバートの共同管理人だと主張して、改修工事の責任を認めようとしませんでした。

何度も交渉を重ね、知事とも直接交渉したりして、最終的に２０１３年、マルティネス判事による「ワシントン州は17年以内に６００ほどあるカルバートすべての改修工事をしなければならない」という判決が出ました。トライブ側は、17年のあいだ、州政府がどれだけのカルバートをいつまでに改修するかということを監視する、という役割を担いました。

しかし、州政府は控訴してきました。３人の判事全員がトライブの主張に賛成するという、稀な判決だったにも関わらず、州政府は控訴したのです。

控訴審での判決がつい先日の金曜日に届いたばかりなのですが、それは州の控訴を棄却するというものでした。

これでやっと、州政府に対して、改修工事に着手するように要求できるなと思っているところです。

【資源管理と専門家の重要性――トライブがベストの専門家をかかえ資源管理をする】

マイケル・グレイアムさん
NWIFC前委員長
生物学者

マイケル・グレイアムさんのお話

漁業に関わる仕事は１９７３年からやっていますが、もともとは生物学者です。卒業後に連邦政府に、〈連邦政府 対 ワシントン州の訴訟〉に協力するために雇われました。引き続き連邦政府に雇われる形でトライブの人々に協力するためにやってきました。しかしあるときから、政府のために活動することに興味を失ったのです。役人は人々を助けるために動くという心を持っていない、ということがわかってきたからです。

政府の仕事を辞めて、１９７６年にこの委員会で働き始めました。11年間、漁業委員会の代表を務めてきましたが、去年退職しました。

私からは、資源管理についてお話します。

１９７４年のボルト判決で重要なことのひとつは、トライブの人々が土地を管理する権利を持っている、と認めたことです。

条約の権利を行使できるようになるためには、判決から10年ほどの歳月を要したわけですが、今ではトライブと州が共同で資源を管理するというシステムが確立しました。

今ではトライブが、独自の科学者や技術者を擁して、科学的なデータを積み上げて、それらに基づいた活動をするということを行っています。

ビリー・フランク・ジュニアは**「条約の権利を守るのは誰か」**とよく言いました。**権利を守るのは自分たちしかいないのだから、専門家を自分たちで抱えて対応していかなければならない**ということです。

NWIFC のパンフレット

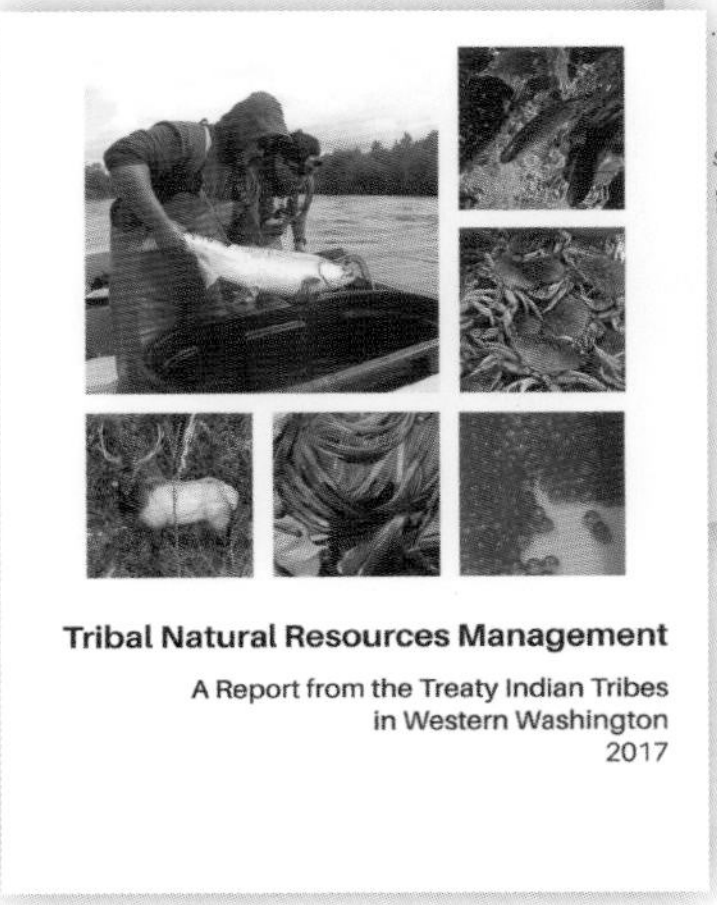

結果としてトライブは、連邦政府からの支援を受けて、ベストな科学者、技術者、弁護士を雇って、環境保護のための独自のインフラ整備を始めたわけです。

それには独自のラボやふ化場の設立も含まれており、ふ化場は実際に年間４０００万匹の放流を計上するなどの実績をあげています。ワシントン州と本当の意味での共同管理を行っているのです。

例えば、データを独自に積み上げていると言いましたが、そういったデータを互いに共有したり、何を調査分析するかを分担したり、共同で使うツールについて合意したりしています。またトライブは、国際捕鯨委員会、国際太平洋オヒョウ委員会などと直接の関係を持っていますので、主権的な立場での環境保護を、誰に頼るわけでなく自分たち自身でやっているのです。

ワシントン州もトライブに信頼を置いています。頼っているのです。みんなサケを大切に思っているし、本当に管理するのはトライブの人々の仕事だという認識を持っています。ここの人たちは最良の仕事をする人たちだと言われています。その分野でベストな人、出自も問いません、とにかくベストな人材を探してくるよう、私はビリー・フランクに言われたのです。

次に、資源管理のキャパシティについての話をします。

自然生息地の保護が大切です。それがなければ魚がいなくなってしまいます。ボルト判決前2〜3%だった漁獲のシェアが、今は50%です。しかし、この数字通りに捕獲量が増えただけではなくて、**全体の捕獲量の総計がそもそも減っている**、魚が減っているということです。

いくら条約が成立して漁業権が認められても、魚がいなくなってしまってはどうしようもありません。

フラン・ウィルシューセンさん
NWIFC生息環境局局長

フラン・ウィルシューセンさんのお話

漁業委員会の天然資源の担当をしています。ここで25年間働いていますが、さまざまな役職についていました。

はじめは政府の環境保護局とトライブの間の関係調整役の仕事、次にスクワソン川の流域のための仕事、それからワシントン州の水質保護などの仕事を重ねてきました。

◆「危機にある条約の権利」　①浸食される生態系

州が自然生息地の管理を怠っていることが、魚がいなくなっている原因となっています。州による海外との取引や、彼らによる事業計画などによって自然は破壊されてきました。自然生息地を奪い、侵食してきたわけです。

条約による責任を州は果たしてこなかったわけです。条約の権利と関係性を考えると、非常に不公平な扱いを私たちは受けていることになります。

トライブの人々は、州と交渉を進めながら、それぞれの河川の生態系保護のために組織を作り活動を行いましたが、十分な進展は望めませんでした。そこで、連邦政府との直接交渉を行ったのです。最終的にはアメリカ大統領、連邦政府が責任を持っています。それが信託関係というものだからです。

◆「危機にある条約の権利」　②データから物語る

それぞれの川はそれぞれ違った課題を抱えています。自然生息地の保護について、各トライブはベストな科学者を集めて、水質保護や河川再生のために調査活動しています。「危機にある条約の権利」という報告書は、私たちが政府への行動要請として作成した報告書です。

ビリー・フランクが言ったことを繰り返しますが、彼は、**「自分の物語を伝えなさい、自分の物語を伝えなさい、自分の物語を伝えなさい」**と言いました。

この報告書は、**トライブメンバーが自ら調査して、それを自分たちの物語を語る上でデータとして世界に伝えるもの**となっています。**それぞれの河川でどのように自然破壊が起きているのかの証拠を示すもの**でした。**どのように自然生息地が失われているのかを証明するもの**です。調査結果が手元にあれば証明することができますし、自分たちのところにあるものを守っていくことができます。

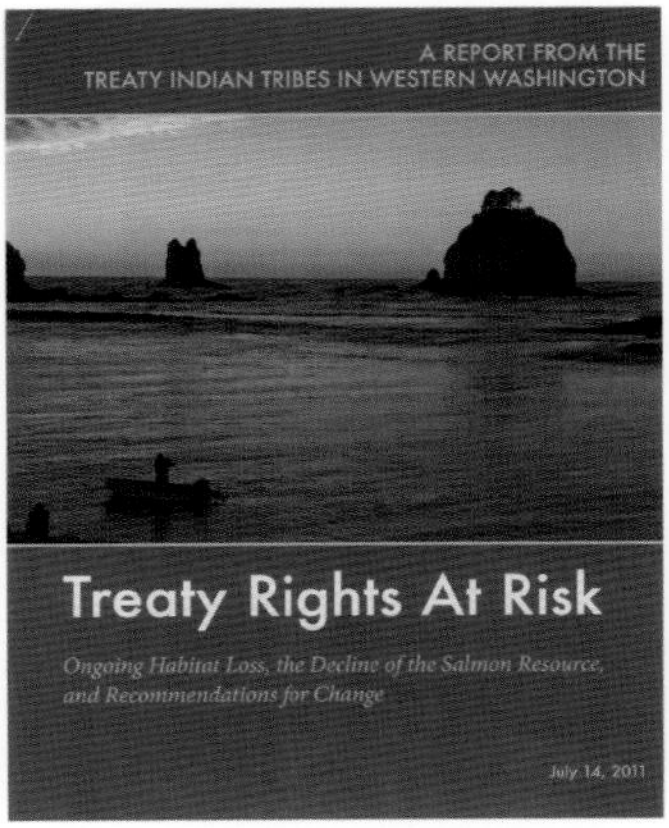

報告書「危機にある条約の権利」

これ（下図）が、サケが通れなくなっているカルバート（暗渠）の場所をすべて一つ一つ点で示した地図です。これがデータなのです。これが大きな成功

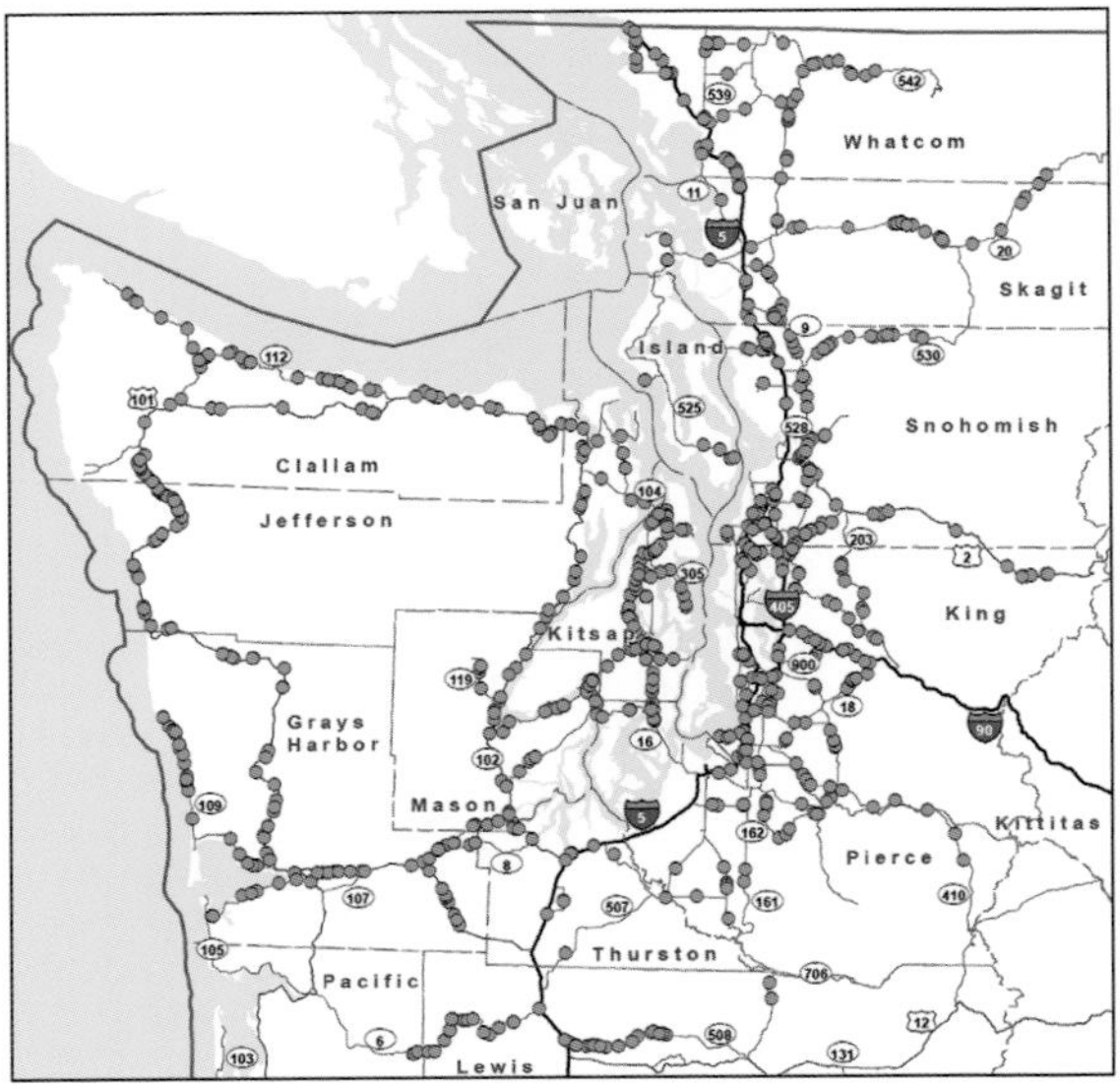

カルバート（暗渠）を点で示した地図

となりました（2013年カルバート判決 38頁）。

私たちが現在行っているトライブの自然生息地戦略は、「$g^{w}\partial d^{z}adad$ –“*Teaching of Our Ancestors*”」と呼ばれていて、私たちの言語で「先祖の教え」のことです。

◆「危機にある条約の権利」③先祖の教え

私たちの正しい方法、価値観では、**私たちは環境の一部で、自然資源と一体化しているものだから、環境を壊せば自分自身にもそれは返ってきます。先祖の教えを引き継ぎ伝えることは私たちの責任**ですし、**人々を再び一つにすることは、私たちが何者であるかの一部でもある**のです。

この考え方がとても美しくメッセージを伝えてくれると私が思うのは、**大切なのは、物理的に身体が自然の一部だというだけではなくて、人々のマナーとして、スピリチュアルなものとして、人々の責任としての部分に関わることで、自然の一部だ**ということです。

先祖の教えを引き継ぎ、州や連邦政府役人と相対することです。誰がトライブのリーダーであろうと、誰が州や連邦政府の責任者に選ばれたとしても、祖先の教えを同じように引き継いでいくことが大切なことなのです。その場所についてよく知る人々が、先祖の教えを継いで同じことをし続けるのです。それが生息地保護にとっての大切な点です。

北西インディアン漁業委員会に属する20のトライブはそれぞれロゴをもっている

【訴え続けること・活動を止めないこと】

——ジャスティン・パーカーさんによるまとめ

最後に言いたいのは、**条約で守られているはずの権利がリスクにさらされている、ということを話していくことが重要です。それがあれば、世論も動きますし、政治的にも動きます。最終的に司法も動かすことができます。**

相手側が訴えられることが嫌になるまで訴え続けることができたことは、私たちの活動が成功したということだと思っています。

ボルト判事の言葉ですが、「良い国とは、良い人間のように、約束を守る国だ」ということです。

最初の条約がもしなかったらと考えたら、私たちの生活がどのようなものになっていたかと想像が及ばないほどです。

アイヌの人たちは１５０年前までは主権があってそれぞれの土地にいたが、中央政府はアイヌと条約を結ぶことなく、北海道を占領してしまいました。そういう中で、差間さんたち（現ラポロアイヌネイション）は今、漁業権、十勝川のダムの撤去など環境保全のためにも動こうとしています。アイヌの人たちは、条約がないけれど、その中でも漁業権と環境のために闘おうとしています。

条約がないと何もできないという意味では決してありません。条約はとても重要な役割を果たしましたけれども、条約にも批判的な部分もあると考えています。

私たちができることがあれば支援させていただきたいですし、今やっていることをし続けてください。ビリー・フランクが言ったように、あなたがたの物語を伝え続けてください。いつかの時点で、誰かが必ず聞くはずです。

漁業資源の科学的管理

北西インディアン漁業委員会のラボ（研究室）で、ブルース・ステュワートさんとマット・スティルソンさんから、魚の健康保護の管理・研究についての説明を受けました。

ラボで説明を受ける差間さんたち

▼ブルースさん

私たちは小さい稚魚が海にかえるまで、すべてのプロセスを支援しています。

私たちがサービスを提供しているのは24のトライブのふ化場すべてと、そのほかに5つの網を使った生け簀《す》（ネットペン）、7つの順応池（アクリメーションポンド）など、いくつかの施設があります。その仕事をするラボを今からお見せします。

▼マットさん

私の名前はマットといいます。ここのラボではふ化場の魚の健康を守るための仕事をしていますが、このラボには病理学者や微生物学者がいて、毎月、その魚のそれぞれのライフステージで病気がないか、ということを調査して、バクテリア、ウイルス、寄生虫など、魚に対するなんらかの害を治療するための研究をおこなっています。

とても気を使っている点は、魚がウイルスを持つことのないように、次の世代にその病気が残らないようにすることです。

マットさん

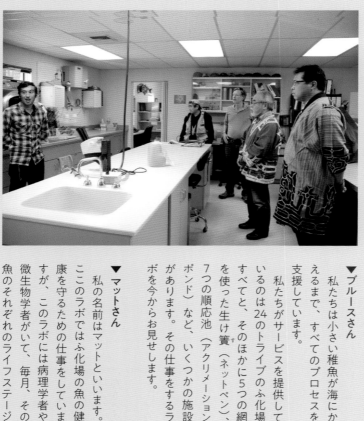

2015年　トライブによる孵化工場からの放流

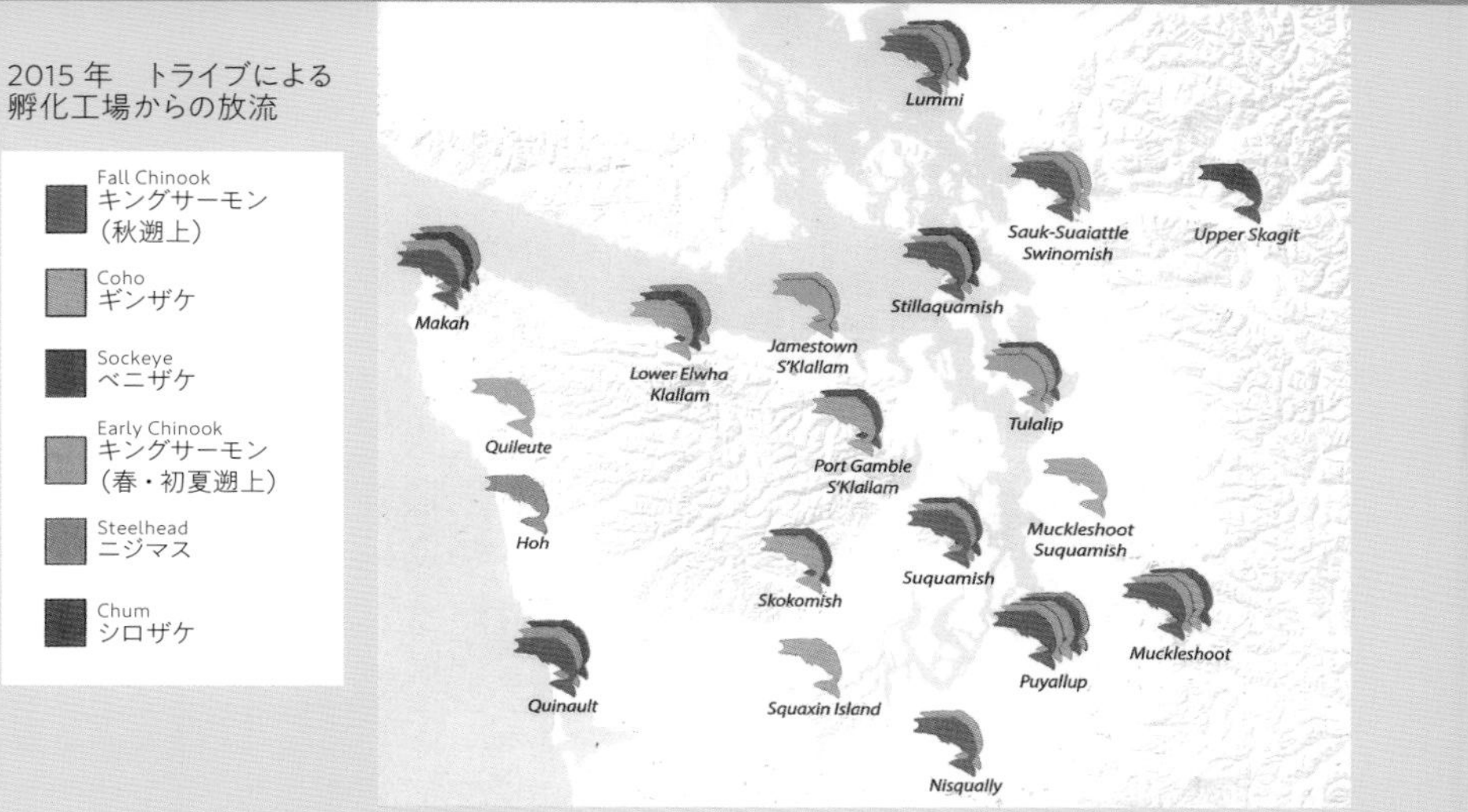

ここでやっている活動の一つはワクチンを魚に与えるということです。エンテリック・レッドマウス病（enteric redmouth disease）やビブリオ症（vibriosis）の二つのバクテリアの病気から魚を守るために、その魚をそのワクチンの中に浸して免疫をつけるということをしています。

抗生物質を与えるという方法もありますが、そこまでいかずに済むようにワクチンを与えるということを最初にしています。

▼ブルースさん

魚がバクテリアに汚染されていないかみるために魚を内側から分析するのですが、病理が見つかったらプレートにのせて、バクテリアに対してさまざまな薬を試します。

プレートの色が透明になっているところが薬が効いていることを示しているので、このようにしてどのバクテリアにどの薬が効くのか調べています。

ワクチンは、1ガロンを1000ガロンに1000倍に薄めて使います。その中に魚を一時間浸しておけばワクチンが十分に効きます。ワクチンに浸してから2週間後くらいで免疫がつきます。

プレートについて説明するブルースさん

私たちは、過酸化水素水を魚の皮膚の外側にある寄生虫に使います。主に稚魚に使いますが、成魚にも使うこともできるでしょう。

ウイルスを培養するやり方もあります。バクテリアはこのようなプレートの中で培養できるのですが、ウイルスは生きている細胞が必要となってくるので、こういった機械を使っています。魚の細胞をそこで培養しています。プレートの上で細胞が育ち、マットがウイルスの元と合体させて培養する中で、どのウイルスがどの細胞を破壊しているのかを21日間観察することで、脅威となるウイルスを特定できます。

ふ化場から育って成魚となった魚はすべて、ここで魚からサンプルをとってきてどのウイルスに影響されているのかを調べています。彼（マットさん）がそうした仕事をすべて担当しています。

北西インディアン漁業委員会（NWIFC）による資源保護管理の取り組み

アメリカでは70年代の「ボルト判決」によって、サケ捕獲権が伝統的漁場の漁獲高の50％まで認められていたが、このインディアン漁業委員会は、その漁獲高を守るためにさまざまな取り組みをしている。たとえば、それまで白人によって行われていた人工ふ化事業に対する取り組みなどである。

一般にふ化事業は、サケの遺伝子を単一化させ、大量のサケを「増産」させる。その結果、大量の稚魚が病気にかかり、それが放流されて他のサケにも病気が広がる恐れがあることが指摘されてきた。そこで漁業委員会では、人工ふ化事業による放流数の制限や稚魚の病気を減らす研究に取り組んでいる。

またサケの自然産卵を保護するために、サケの遡上を妨げるダムなどの撤去にも取り組む。

つまり、「ボルト判決」でサケの全漁獲高の50％が守られたとはいえ、サケ資源そのものが消滅してしまえば条約上の権利も失われてしまうため、さまざまな取り組みをしているのである。

（『アイヌの法的地位と国の不正義』１５１頁より）

政府によるアラスカ先住民漁業権制限に対する科学的データに基づく対抗戦略

これからアラスカに向かうところだというエド・ジョンストンさんから、お話を聞きました。

エド・ジョンストンさん
クゥイナルトインディアンネーションの
漁業政策広報担当

アラスカ先住民の人々から助けにきてくれないかという連絡が入ったので、今からアラスカに向かうところです。

私たちのリーダーであったビリー・フランク・ジュニアのところに、アラスカの人々から助けが必要だという要請があって、それ以来、長年支援しているのです。

アラスカ以外にも、ボルト判決後の1978年、コロンビア川流域の漁業委員会結成を支援しましたし、1980年には五大湖の方のトライブの人々からも、漁業権訴訟のための助けがほしいと連絡を受けて、そちらともやり取りをしています。

◆アラスカ、ベッセル・センサス・エリアの漁業問題

アラスカ先住民には、48州とは異り、条約による漁業権は認められていません。それでも1972年に和解という形で一つの成果がありました。

あるとき私とビリー・フランクとマイケル・グレイアムの3人がアラスカに出かけて、会議に参加しました。大きな部屋に56の集落から100人以上の代表が集まった会合です。しかし、席の座り方に問題がありました。政府が認めているトライブが前に座り、後ろの方にアラスカ州の代表と政府の代表が一緒に座っていたのです。

それを見た私たちは、政府の代表に「あなたたちはインディアンの横に座るべきだ」と発言しました。アメリカ政府と政府が認めているトライブの間には信託関係がある（政府はインディアントライブのために行動する責任がある）からです。

そのときの連邦政府魚類野生生物局とアラスカ州の主張は、サケ（キングサーモン）の漁獲量が減っているので、トライブの人々の生存のためのサケも充分にはない、というものでした。

しかし後日わかったのですが、ベーリング海では、10万匹ものサケ（キングサーモン）が白人によって商業的・娯楽的に獲られていたのです。カスコクウィム川が流れつくカスコクウィム湾でも同様です。それにもかかわらず、インディアンが生活のために獲ることに対してはダメだと言ってきたわけです。

この時の会議で、カスコクウィム川流域の人々は漁業管理について技術的なことをわかっている人が少なかったのですが、私たちの漁業委員会には、グレイアムのような生物学者もいるし、私やフランクは政策に詳しかったので、私たちは政府に技術的な疑問を投げかけたのです。

ベーリング海やカスコクウィム湾ではこんなに漁獲がなされ、娯楽でも魚が獲られているのに、なぜインディアンは獲ることができないのか。アセスメントをきちんとしてから説明をしてください。それなしには政府はインディアンが漁業をできないとは主張できない、ということを伝えたのです。

◆漁業委員会設立に向けて——データこそが王様

私たちは、カスコクウィム川流域の漁業委員会を作るために協力しました。

明日、委員会と会議を持つのですが、内容としては、アラスカ州政府とアメリカ連邦政府と同等の話し合いができるためのインフラをどう整備していくべきか、という話をします。

生物学者を雇うために資金を集めなければいけない、というようなインフラ整備が必要になってきます。**いろいろなデータを分析し、気候変動の計画なども含めながら、そういった**

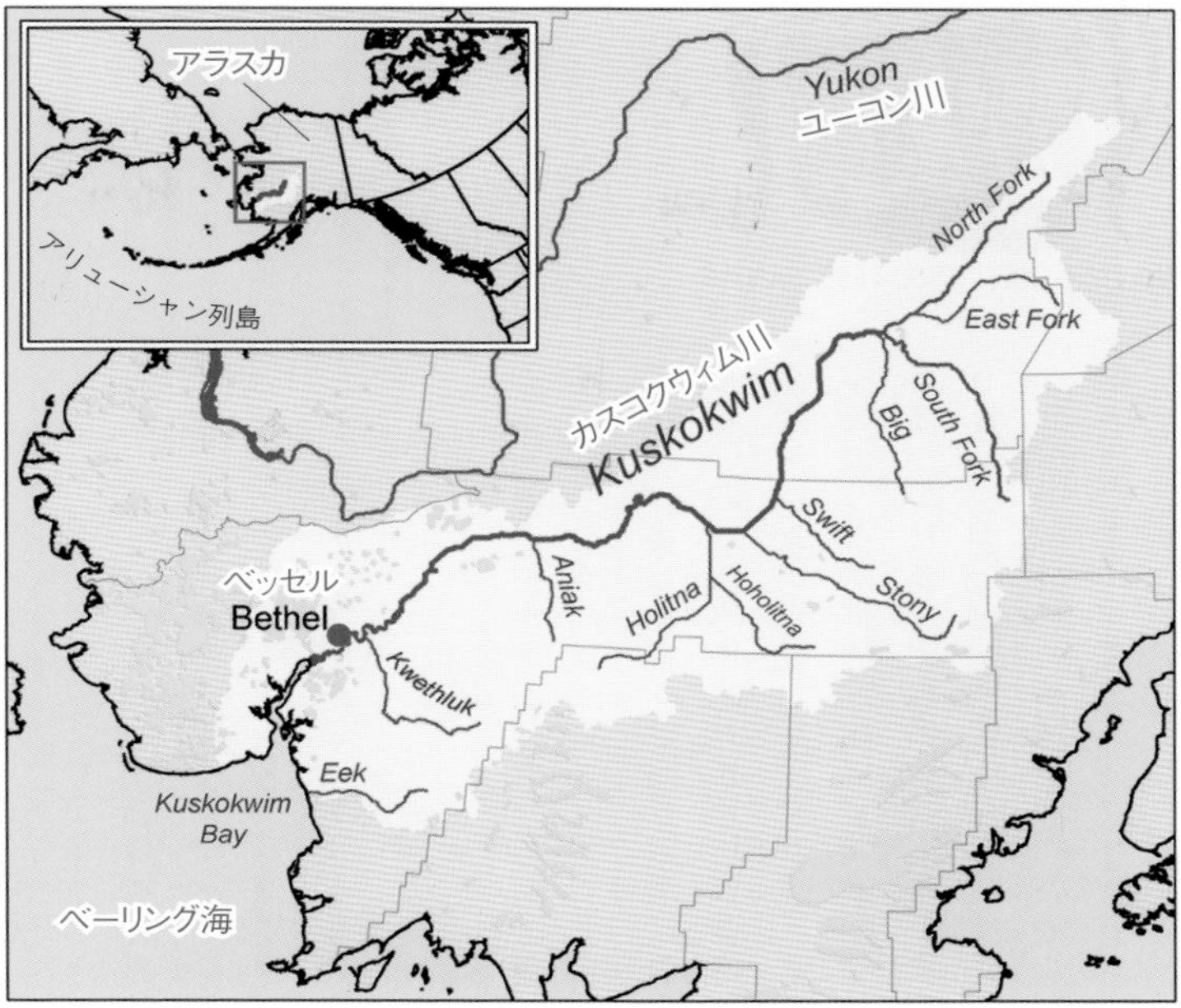

アラスカ、ベッセル・センサス・エリアのカスコクウィム川周辺地図

知識がないと漁業権を得られるようなインフラ整備ができないという話をしてくるつもりです。

重要なのはカスコクウィム川の漁業委員会が専門家を擁することです。最終的な目的、なにを達成したいのかを話し合うことにもなります。

インディアンは伝統的に1年間で8万匹のキングサーモンを捕獲していましたが、去年は4万匹しか獲っていません。

政府が主張していることが科学的に正しい情報に基づいているのかどうか見抜くために、また、科学的、そして政治的利益も考えて、政府が政策を押し付けてくる場合もあるので、**データに基づいて科学的に自分たちの権利を主張**するための会議になると思います。

データこそが王様なのです。

MAKAH INDIAN NATION

DIAHT, WAATCH, OSETT, TSOO-YESS, BAADAH

マカへの旅

ワシントン州の州都、オリンピアの漁業委員会をあとにして、私たちは一路、マカインディアンリザベーションに向かいました。といっても、ワシントン州は初めての私たちですから、レンタカーでひたすらチャールズさんの車を追うだけです。

右手には、アメリカとカナダの国境ともなっているファンデフカ海峡が広がっています。海峡の直ぐ向こうがカナダのバンクーバー島です。

左手にはオリンピック国立公園につながる深い森が続きます。ときおり森の奥に氷河をいだいた美しい山々が見えます。マカは、この神秘的なほど深い自然をもつオリンピック半島の先端にあります。

そして、半島の先は太平洋です。

マカの街、ニアベイは、小さいけれどときれいな町です。観光地化されたインディアンリザベーションとは少し雰囲気が違います。車で通り過ぎただけでは、ここ

がマカトライブの町とは気がつかないかもしれません。でも、博物館のゲートや港には、「マカインディアンネイション」と表示されています。マカの国に足を踏み入れたと思うと、少し緊張した思いになります。

私たちが宿泊したのは、街はずれの森の中にあるおしゃれなコテージでした。そこを拠点にして4日間、サーモンピープルであり、クジラの人々であるマカトライブについて学ぶことができました。

トライブの人々にガイドしていただきましたが、そのプログラムはすべてチャールズさんとトライブの人たちが練り上げてくださったもので、あとから考えても、とてもぜいたくな内容でした。

マカでの4日間は、毎日、新鮮な出会いがあり、うれしいハプニングもあり、忘れることができない日々となりました。

博物館ゲート

氷河をいだくオリンピック山脈の山々

ウィンドソング号によるクルーズ～マカの水域めぐり

マカトライブの人々は、私たちがトライブの漁船や海に関心があるだろうと、ウィンドソング号によるクルーズを用意してくださいました。ガイドは、自ら船を持つ現役の漁師、ブライアン・パーカーさんです。

その朝、ニアベイの漁港に行くと、漁船の多くはすでに漁に出かけたあとでした。ウィンドソング号はファンデフカ海峡を北西に進み、半島の最先端にあるフラッタリー岬の先にあるタトゥーシュ島まで往復しました。

航行中、ブライアンさんがマカの海域や漁業について説明してくださいました。

マカの漁港の朝。すでに多くの漁船が漁に出ていた

クルーズで乗船した漁船、Wind Song 号

ブライアン・パーカーさん
漁師

ブライアンさんのお話

◆マカのサケ漁とクジラ猟

マカトライブは、かつて、コロンビア（カナダ）までの広い範囲で交易をしていました。マカが獲っていたクジラの油や骨は、他のトライブにはとても重要なものだったのです。マカはとてもパワフルなトライブでした。

太平洋に面した地域では、大きな湖、オゼット湖があり、昔はベニザケがたくさん上ってきていました。今も上っていますが、数は減りました。私たちも刺し網（ギルネット）で少し獲っています。ベニザケが増えていくように努力しているところです。

昔は、トライブの人々が、オゼット湖の周辺に集まって、漁業キャンプ（フィッシュキャンプ）をしていました。この海岸沿いでベニザケを獲り、冬用に保存処理して、各自、海峡沿いの村々に持ち帰っていたのです。今年も刺し網でベニザケを少しですが獲りましたよ。

――刺し網の目の大きさはどのくらいですか？

キングサーモン、ベニザケ、シロザケの種類によっ

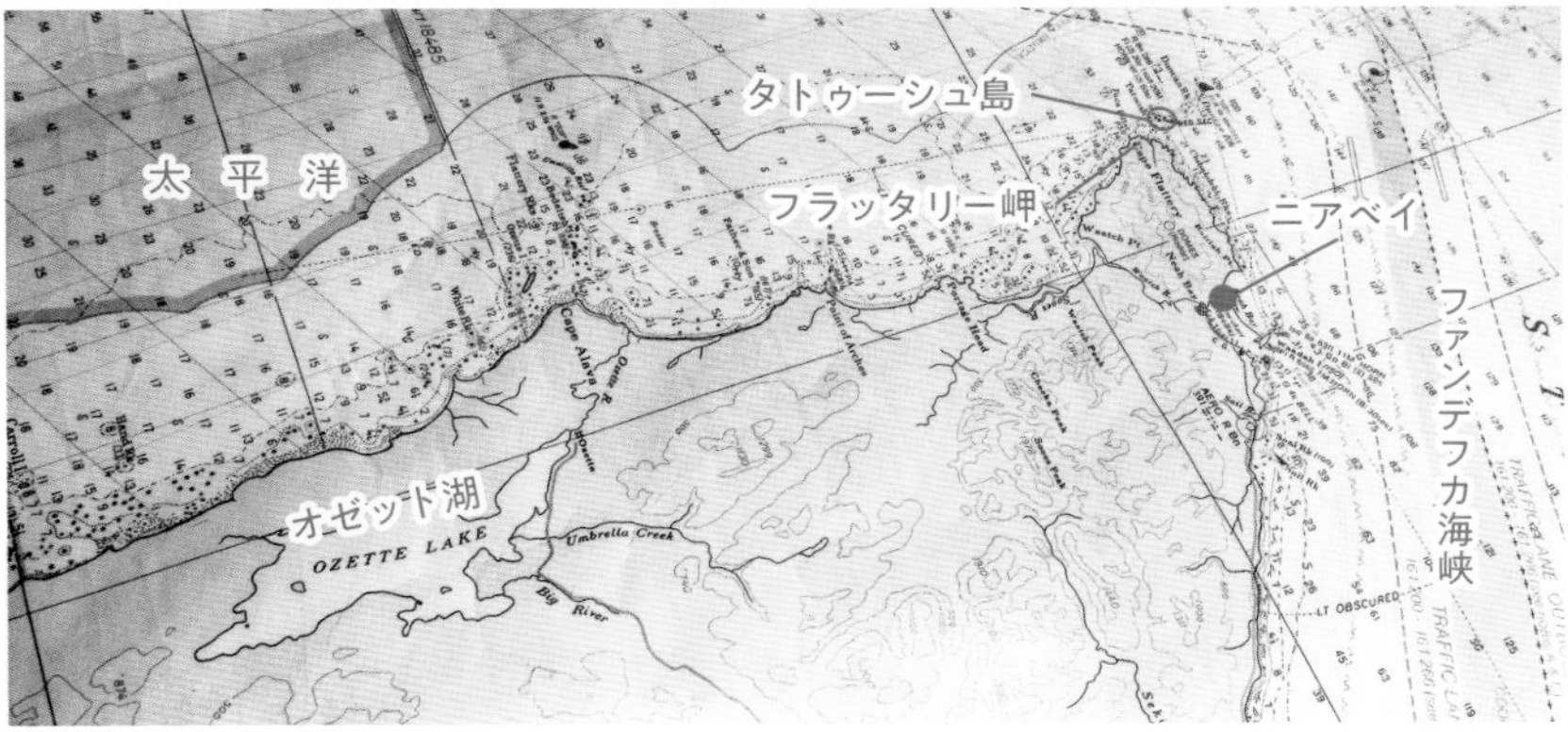

ブライアンさんの海図

タトゥーシュ島と灯台

て、編み目の大きさも3種類あります。ギンザケはシロザケと同じ大きさの網を使います。去年と一昨年の2年間はギンザケは獲れませんでした。今年は少し獲れました。

——日本もここ7年間ほどシロザケの漁獲量が減っています。

漁獲量の減少は日本も同じなのですね。

——クジラはどのようにして獲るのですか?

まず、ハプーンという大きな銛《もり》でついてから、浮いてきたところをライフルで撃ちます。

——白人のサケの密漁者はいますか?

白人は少ないですし、私たちが監視していますから（笑）。私たちは今も漁業権を持っているのです。

◆水揚げした売り上げの分配

——魚は獲れば獲っただけその人が儲けることができるのでしょうか、それともみんなで集約して分配する形をとるのでしょうか?

早い者勝ちになります。漁業のために労力を費やした人はたくさん得ることができます。漁師だ、漁師だ、って自分で言っていても、漁に出かけない人もいますから。

チャールズ：毎年変わりますが、例えば、一年でだいたい、56、000匹獲れます。それをみんなで分けあっていって、それで終わり。獲った分は自己申告となります。

◆タトゥーシュ島をめぐる緊張関係

あそこに見える島は、タトゥーシュ島といいます。そこにいるアザラシの群れはハーバーシールという種類です。私たちは昔から、あのアザラシの油をよく使っています。

タトゥーシュ島にはカヌーに乗っていき、島で儀式をしたり、季節的に暮らしたりということがおこなわれていました。

バンクーバー島から、ほかのトライブも集まってきて、大きな集りなどもしていました。島の反対側にはクジラがくる場所もあって、クジラ猟やオヒョウ漁をするときに停泊する場所としても活用していたのです。

しかし、１８４６年にアメリカ政府がやってきて、島を奪って所有してしまいました。１８５２年には、政府によって灯台が建てられました。

政府が何をしているのかを把握するために、トライブの人が１５０人、船で押しかけていきました。そのとき、政府側はトライブを恐れて、銃を持って並んで、人による盾のようなものを作って構えていました。

このような政府とトライブの緊張関係もありましたが、１８５７年12月以降は、関係が良好になりました。

その灯台が作られた島に、今でもカヌーに乗って行きます。カヌーでおよそ2時間かかります。

ここはマカの海です。**マカの排他的水域**です。マカ以外のトライブの人たちがマカの水域にきて魚を獲るときには、マカの許可を得ないといけないのです。

【ブライアンさんの船の見学とお宅訪問】

クルーズが終わって船から降りた私たちに、ブライアンさんが「私の船がそこに停泊しているので見ますか?」と、誘ってくださいました。

◆はえ縄によるサケ漁

ブライアンさんの船は、ハロルド号といいます。4人まで乗船できますが、ブライアンさんは1人で漁に出ることが多いそうです。昨日も漁に出たそうですが、多くは獲れなかったとのこと。

ブライアンさんは、漁をするときに船に装備されている複雑なポールやラインをどのように操作するか、とても詳しく説明してくださいました。それは、日本では「はえ縄漁」という漁法でした。キングサーモンとギンザケを獲るときの漁法とのことですが、ギンダラやオヒョウを獲るための針も出して見せてくださいました。

サケ漁のときには、船は一日中、動き回りながら漁をするとのことです。光版をつけて水に投げ入れます。商業用の漁なので、針に餌はつけないそうです。

◆カニ漁

あの青い船はカニですね。最低でもカゴが500個ついていますね。

獲れるのは、アメリカイチョウガニというカニです。日本でも食べますか? そういう種類のカニはいますか?

――いないです。毛ガニ、タラバガニはありますが。

自分の船や漁法について説明するブライアンさん

ここでは、毛が生えたものはないですね。向こう側にはありますね。高いです。

――日本ではタラバガニはロシアから輸入しているのですが、ヤドカリの一種なのです。ベーリング海では一攫千金と言われています。

一番先の黒い船は、ベーリング海まで出ていますよ。

◆漁業はマカの重要な産業

――ここにある船はすべて、マカのトライブの許可を得ているのですか？

ここの人はマカの水域内で獲る船ばかりです。

――何人くらいの人がここで働いていますか？

60～80人くらいが今の時期海に出ていますが、ピーク時は130人くらいですね。

――マカトライブにとって、経済的な意味を持っていますか？

非常に大きいです。数億円になります。

――非常に重要な産業なのですね。サーモンがあがってきたら、どういうふうに処理していますか？　船に氷を積んでいますか？

サーモンが生きてる間に血抜きをして、すぐにお腹の中をきれいにして、血が完全に抜けるまで水の中に入れておいて、それから氷の中に入れます。これが昨日実際に獲ったものです。あんまり誇れないくらいの小さなキングサーモンですが…。

今は潮のようすをみながらですが、できるだけ毎日、漁には出ています。だいたいいつ頃、サケが出てくるかというのはわかっていますし、毎年、変わりますから。

――市場に持っていくのですか？

あそこにある水揚げ用の埠頭に持っていきます。

――誰がこれらのサーモンを買うのですか？

卸市場はマカの会社が経営しています。そこからマカの中の市場に知らせがあって、各市場が欲しい分を確保したあと、それ以外はすべて他のレストランなどにまわります。

――いつから漁を始めたのですか？

最初に父の船に乗ったときは、16歳でした。幼い時から乗ってはいましたが、漁師として出たのは16歳でした。私の先祖は少なくとも4代前までは漁師です。そういうふうに説明はしています。でも、そのはるか前から、祖先はずっと漁をしていましたから。

あなたたちは、今日はずっとここにいますか？　昼食はどうしますか？　アメリカイチョウガニを食べてみますか？

【ブライアンさんのお宅訪問】

ブライアンさんからランチのお誘いを受けた私たちは、ブライアンさんのご自宅に行きました。とてもうれしいハプニングでした。

ブライアンさんの妻、ロキサンヌさんがカニ料理を準備してくださっている間、私たちはガーデンで、日向ぼっこをしながらくつろぎました。広い芝生の上を、ブライアンさんのお孫さんが遊びまわっていました。

お宅の居間の壁に飾られた古い白黒写真を見ながら、ブライアンさんから、クジラを獲っていたという先祖の話などをお聞きしました。（壁にブライアンさんの先祖の写真が飾られていましたが、貴重な写真なので撮影は控えました）。

◆ブライアンさんの先祖はクジラ獲りの漁師

1895年に政府によって伝統的に行われてきたポトラッチ*が禁止されました。そのような状況下で、先祖たちがロングハウスに集まって、ポトラッチをやっていたことがわかる写

ブライアンさんの先祖のクジラ銛

真です。そこには実際に私のひいひいひいおじいさんが参加していました。

これは、私の弟がおじいさんと同じクジラ獲りに挑戦して、クジラ獲りだったおじいさんの真似をして、古い写真と同じ場所で写した写真です。小石のサークルがあるので、同じ場所だということがわかります。

これ（上の写真）はうちに伝わる先祖のクジラ銛《もり》です。銛の後ろのところには、妻のバンダナを幸運のお守りとしてもらってつけてあります。妻や女性というのは、男性がクジラを獲りにいく間、家にとどまり帰りを待つ平穏の象徴なのです。彼女たちが家で待っていてくれるから、男性たちはクジラ猟にでかけることができます。

銛の先は硬い石で、それを挟んである部分は、エルク（シカ）の角です。バンダナの後ろにはアザラシの皮でできたブイがついていて、クジラを銛で仕留めたあとにクジラが沈まないようにします。

私のマカ名は、私のおじいさんのマカ名と同じです。

[アメリカイチョウガニ Dungeness crab のランチ]

先祖の話をするときのブライアンさんの顔は、誇りに満ちていました。

ロキサンヌさんがカニが茹で上がったと呼んでくださったので、みんなでダイニングルームへ移動しました。大鍋にいっぱいの茹でたてのアメリカイチョウガニと、エルクのジャーキーをご馳走になりました。

＊ポトラッチ（Potlatch）
アメリカ合衆国およびカナダ・ブリティッシュコロンビア州の太平洋岸北西部海岸に沿って居住する先住民によって行われる伝統儀式。

オヒョウの形の木彫りの器に入っているのは、アザラシの油です。伝統的に、なんでもこれにつけて食べます。カニにはバターを溶かしたものをつけて食べてみてください。エルクのジャーキーもどうぞ。

カニは一度茹でておいてからまとめて冷凍して、食べる前にもう一度茹でて食べます。

茹でたてのアメリカイチョウガニやジャーキーはとてもおいしくて、みんなで舌鼓をうちました。

広い庭のあるきれいな家に住み、海の幸に恵まれたマカの人々の暮らしは、羨ましいほど豊かだと感じました。

木彫りの器の中はアザラシの油

大鍋で茹でた、茹でたてのアメリカイチョウガニ。美味！

トライブによる漁獲量の管理

氷の中で鮮度を保たれたまま水揚げされたサーモンとオヒョウ

◆サケの水揚げの現場を発見!

みんなで、マカの街歩きをしているとき、偶然にも、漁から戻ったばかりの漁船が入港しているのを見つけました。

水揚げのようすをぜひ見たいと、私たちは埠頭に向かって走りました。許可を得て、水揚げ作業の様子を見学させてもらいました。

漁船から水揚げされていたのはサケとハリバットでした。ハリバットとはオヒョウのことで、カレイの仲間です。船倉からクレーンで台の上におろされたサケやオヒョウは、すでに内臓がとり除かれていて、砕かれた氷の中に詰められ、鮮度が保たれていました。

氷からサケとオヒョウを一匹ずつ、ていねいに取り出して、重さを計

サーモン

オヒョウ

重量の計測

り、サイズによる選別をおこなっていました。サケもオヒョウも、とても大きいので驚きました。
水揚げされたサケの重さを一匹ずつ計量する現場を見たことによって、マカの漁獲量管理がとても厳格におこなわれていることがよくわかりました。コテージに戻ったあとのミーティングで、チャールズさんがマカの漁業と厳しい管理の理由を説明してくださいました。

チャールズさんのお話

◆トライブによる厳しい管理の重要性

皆さんが見せてもらったブライアンさんの船は1934年製造ですから、実に83年前の船です。

港にある船をブライアンさんたちがチェックしたところ、ドックごとに2隻は、トライブメンバーでない人の船でした。ドックが4つですから、合計8隻がトライブのメンバーでない人の船です。港のドックを使う人は費用を払うので、マカトライブのファンドとなり、それはマカの港の整備に使われています。

ボルト判決の前は、とても小さな港でした。判決が出たあとに、こんなに栄えたということです。

連邦政府は、政府が一般的におこなう港の堤防建設などへの助成のほか、トライブの人々に対しては特に、船を所有するための補助などの形でサポートしました。

水揚げされたサーモンは、一匹一匹、重量を測ると同時に、魚の表面の組織のサンプルをとってラボ（研究室）に送り、病気などの検査をします。おそらくオリンピアのＮＷＩＦＣ漁業委員会のラボに送られるのだと思います。

こうした管理プロセスは、サケの健康管理のためでもあり、科学的に大切な側面です。

◆獲り過ぎ防止とトライブ間の公平

ボルト判決は先住民に漁業権50％を認めましたが、それは資源すべての50％ではなく、漁獲量の50％です。全資源の50％を獲りあうと魚はいなくなります。エスケイプメント（漁獲されずに川で産卵する魚）の数は入れません。

獲りすぎ防止のためには、科学者が漁獲高の見積もりを出すことが大事です。サケの生息状況や数は毎年違うので、科学者は調査に基づき、見積もりを出します。それに基づいてトライブの人々も海産資源を獲るのです。

例えば、今年、１００万匹のキングサーモンの漁獲が見積もられたとします。トライブはそのうち、50万匹を漁獲できます。それを超えないようにと、州が嫌がらせに近い規制をしていた時期がありました。

50万匹はトライブへの割り当てなので、20のトライブは、毎年、各トライブのシェアについて合意を形成しないといけません。それぞれのトライブがどれくらい獲るか、ということについての合意です。マカは海の領域も広いし、港もあるし、たくさん獲って不公平にならないように、トライブ間で調整することになります。だから、一匹ずつ数えることが非常に重要なのです。各トライブは、厳密に獲れた数を把握しなければなりません。

水揚げしていた人たちの役割はとても大事です。決められた数を超えてしまうとボルト判決に違反することになるし、他のトライブとのバランスが崩れ、さらには獲りすぎたトライブとして、恥となります。

ビリー・フランクは、20トライブが集まった会議の場で、「決まりを守らなかったトライブが一つだけあるようだが、もしこれからも間違って数えたら承知しないぞ」と言ったそうです。脅しのように言ったのだとは思いますが…。トライブリーダーは、そういうことも厳しく管理しなければならないということです。

ボルト判決後も、州は、トライブが獲り過ぎていることを証明することによって、トライブリーダーを刑務所に入れようとしてきました。判決後は、以前には2％だったトライブの漁獲量が50％と大幅に増えたわけですから、州は、トライブにそれ以上は獲らせるなと、締め付けを厳しくするわけです。それは、判決によってトライブのパーセンテージが増えた半面、州のトライブ以外の人の漁獲量が減らされたためです。

州は、使えなくなった数百もの漁船を白人の漁師から買い取らなければなりませんでした。また仕事がなくなった漁師に、補償金を払わなければなりませんでした。そういう背景も、トライブが厳しく漁獲数を管理している理由の一つです。

判決後、各トライブには漁業局のような部局ができて、30人ほどの科学者がいます。判決が出る以前から、トライブの人々は漁獲数の制限が厳しくなることを予想して対応していたのです。

漁業を守るためには科学者の力が必要だ、ということを認識していて、事前に研究者を集めていたので、手早く対応することができました。頭の良いリーダーがいたというわけです。

マカの歴史、伝統漁業、捕鯨権・資源管理——マカトライブによるレクチャー

マカトライブの大きな会議室で、トライブの人々が私たちを迎えてくださいました。マカトライブ議会副議長のグレイグ・アーノルドさん、漁業局長のラッセル・スヴェックさん、海洋哺乳類生物学者のジョナサン・スコルディノさん、自然資源政策アナリストのケイティ・ウルベルさん、マカ文化研究センター長のジェニーン・レッドフォードさん、トライブ議会議員のリアさん、パトリックさん、トライブ事務局長のジョンさんたちです。

最初に、グレイグさんがマカの物語について語ってくださいました。

グレイグ・アーノルドさん
マカトライブ議会副議長

◆海こそが私たちの土地

クワッティクワッティが山と水を作ってくれたとき——歴史の始まりから、この場所は私たちのふるさとです。

マカには5つの大きな村がありました。湾の角に2つ、太平洋側に3つです。

オリンピック山脈に関する物語もたくさんあります。

私たちは〝バンバケット〟（水辺にある家に住む人々）と呼ばれていました。

1790年、外から人がどんどん入ってきました。

1855年、アメリカ政府との条約にサインし、私たちは30万エーカーの土地を明け渡し、その代わり、海を保持しました（ニアベイ条約）。

私たちの土地は海に囲まれています。

ある先祖は、「海こそが私たちの土地だ」と言いました。

条約交渉の結果、マカはクジラとアザラシを獲る権利を獲得しました。今、私たちが漁業権を保持しているのも、この時の条約があってのことです。

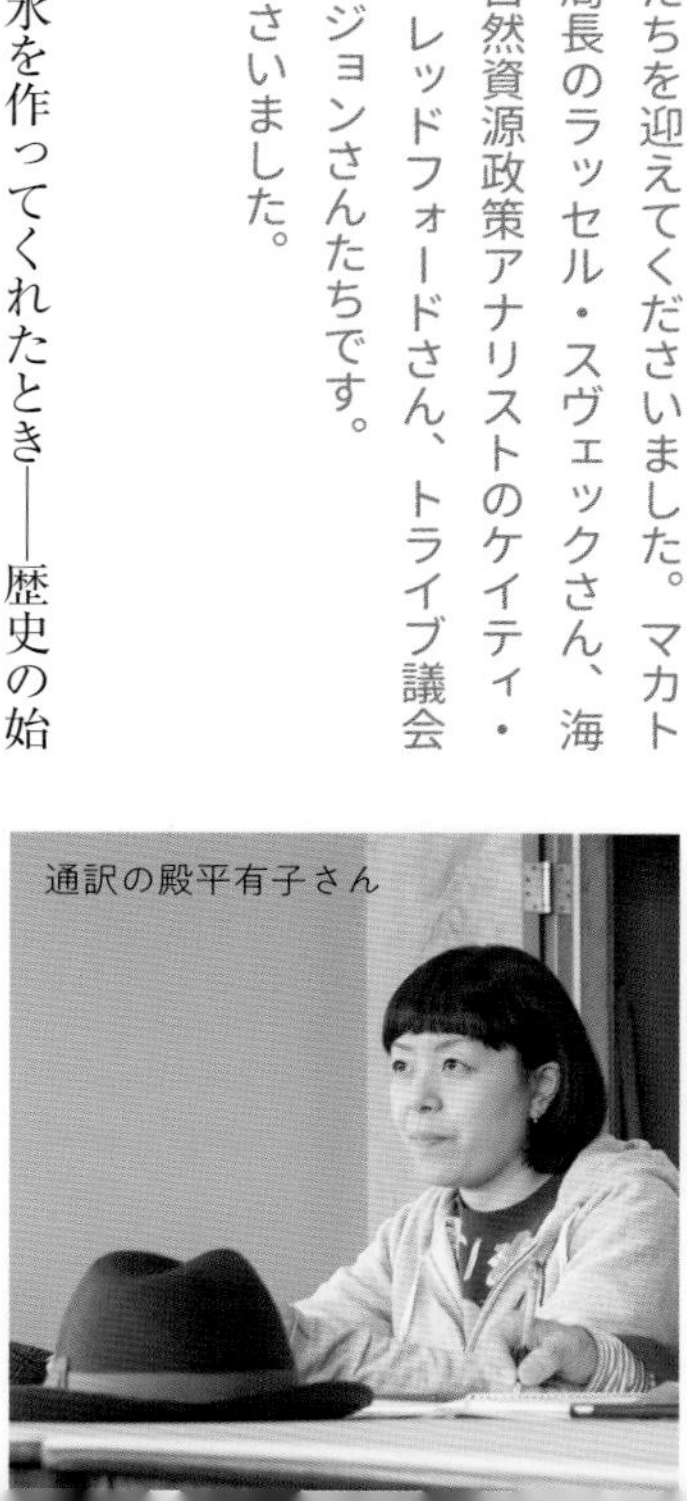

通訳の殿平有子さん

◆政策や法律はトライブが決めるもの

——アイヌは、日本政府との条約もないままに一方的に土地や資源への権利を奪われました。

アイヌの人々に私たちのような条約がないのなら、勝手に書いて日本政府に持って行ったらいいのです。自分で書いてしまえばいいのです。

土地の権利や漁業権は、そもそもみなさんに属している権利なのですから、書いて持って行ってサインさせれば良いのです。

——アイヌには条約はありませんが、先住権として、実は、水産資源を１００％獲る権利があるのだと思います。

私たちがアメリカ政府と結んだニアベイ条約もそうですが、アメリカ政府によってトライブの権利を抑圧し制約するために作られた、それがさまざまな法律や条約だと思っています。

政策や法律は国が決めるものではなく、マカの海に関する政策、マカの海についての法律、というふうにトライブが決めるものだと、私は考えています。

あなたたちが海に対してどのように思っているのかということを、まわりに伝えていかなければなりません。そうしないと、まわりの人は理解することができません。

差間啓全さん

差間正樹さん

海が自分たちにとってどういう意味であるのかは、連邦政府の見方ではなく、入植者の人々の見方ではなく、**自分たちの見方であることが大切**です。

何が権利なのかということを、裁判所に決めさせてしまったと、私は考えています。

そうではなく、自分たちで決められるように、今でも頑張っています。私たちはそれを達成してきました。あと少しでやりきることができます。

漁獲量の50％を認めたボルト判決は、もしかすると、もともとはトライブが１００％持っていた権利をせばめたと言えるのかもしれません。

――１８６７年、明治政府ができる前は、アイヌはそれぞれのコタンが各々の法を持って、独自の裁判システムも持っていました。もし、アイヌが日本政府と条約を結んでいたら、ほぼすべてを失うほど強力な支配を受けることはなかったかもしれません。

あなたたちは土地や周りの環境を決して明け渡したのではないのです。もともとあなたたちに属するものなのです。あなたたちの権利は、本来あなたたちが持っていたものです。あなたたちが与えることができるものであって、彼らが奪うことができるものではありません。あきらめないでください。

ラッセル・スヴェックさん
マカトライブ 漁業局長

◆海を支配していたマカの歴史

ラッセル・スヴェックです。

私は、1986年から漁業局のディレクターを務めています。それまでは漁師をしていました。漁業局には14の部署があり、40人から45人ほどが働いて、漁業について管理しています。かけ足になりますが、私にできる範囲で、マカの歴史をご紹介したいと思います。

最初の西洋人とのコンタクト期になりますが、1788年から貿易が始まりました。マカはとても豊かで海全般を支配していました。他の先住民も南から北までいましたが、海は私たちが支配していました。コロンビア川からバンクーバー島まで、すべて支配していました。東海岸のボストンがアメリカで最古の港と言われていますが、マカこそ最も古い港を持っていたのだと思います。

アメリカの人々は、多くのトライブが儀式のためや食べる分だけの漁業をしていると考えがちですが、トライブは商業としての漁業を行っています。

1788年から1855年の間、私たちマカは、帝国主義と同化政策を経験し始めることになります。

1853年、マカと貿易するために来た西洋人によって天然痘が広がりました。7週間で2000人以上が亡くなりました。病を恐れて、マカの土地から出ていくことを選ばなければならない人々もいました。

◆捕鯨権を保障した唯一の条約――ニアベイ条約（1855年）

そして私たちは、1855年、連邦政府とニアベイ条約を結びました。

その第4条には、**私たちの漁業権を「そこに住む市民と同等に」と明記**してありました。

さらに、漁業権だけではなく、クジラを獲る権利とアザラシを獲る権利も明記されました。

この当時の5つの条約の中でも、**捕鯨権とアザラシを獲る権利を保障したのは私たちのニアベイ条約だけです。**この条約は、連邦政府がマカトライブ一部族とだけ結んだ条約としてもユニークです。

それ以来6～7年間は入植者と良い関係を築いていましたが、次第にどんどん新しい入植者が住み始め、サケの乱獲が始まり、地域のサケの数に大きな影響を与え始めました。**1889年にワシントン州ができ、州の条例で網を使った漁業が全面禁止となってしまいます。これは私たちの条約で認められた権利の侵害になります。**

1950－60年代には、特にピュージェット湾の人々は、州法に違反して条約の権利を行使したため、多くの人々が逮捕されました。60年代にはビリー・フランク・ジュニアがリーダーとなり、州法に抵抗して闘いを続けました。

◆オゼット村の遺跡・遺物が証明――1974年「ボルト判決へ」

1970年代には、連邦政府の弁護士がワシントン州に対して訴訟を始めました。有名な「連邦政府 対 ワシントン州裁判」です。その判決は、ボルト判決として有名です。

この裁判では、マカが、訴訟の勝利において重要な役割を果たしました。**オゼット村から発掘された考古学的遺跡、遺物が、法廷で大切な役割を果たした**のです。

ワシントン州は、マカが網を使って漁をしていた証拠がないと主張しましたが、**私たちはオゼット村から見つかった約500年前の網を証拠として提供**したのです。それは1974年ボルト判決へつながりました。

◆サケ、オヒョウ、そして25種類以上の漁業権へ

私たちはサーモンを獲る権利だけではなく、オヒョウを獲るための闘いも続けました。

［コラム］

土の中に眠っていた贈りもの

1934年、北海道帝国大学（北海道大学）の教授が、浦幌町のアイヌ墓地からアイヌ遺骨95体と副葬品を掘り起こし、持ち去りました。

ラポロアイヌネイションは裁判を起こして、これら先祖の遺骨と副葬品をすべて取り戻しました。

この時、遺骨とともに故郷にもどってきた副葬品の中に、網針《あばり》という木製の道具が2つありました（写真）。漁網を修理するための針です。その大きさから、サケ漁に使う網用だったと推測されました。

アイヌの伝統的サケ漁は、マレク（鉤銛）という道具を使うと言われています。しかし、ラポロアイヌネイションの先祖は、網を使ったサケ漁をおこなっていたのです。

マカのオゼット村遺跡から見つかった網とアイヌ墓地から掘り出された網針。どちらも伝統的に網を使ったサケ漁を行っていたことの重要な証拠です。土の中に残された先祖からの贈りものでしょうか。

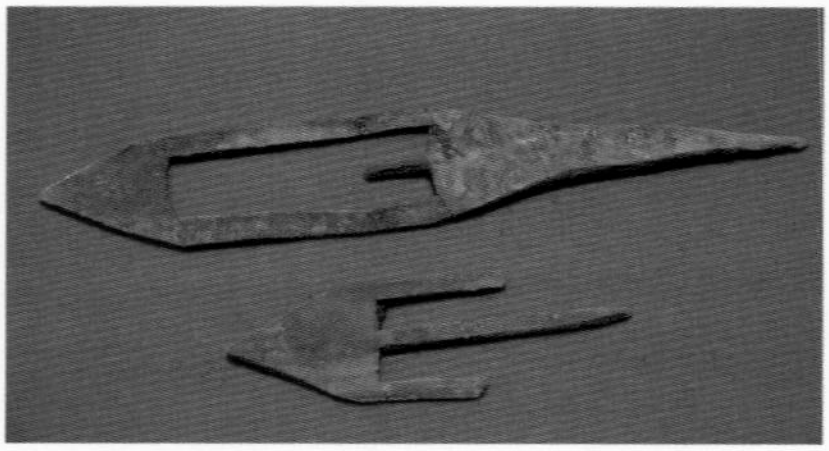

（訴状参照）

1923年にカナダとアメリカでオヒョウ協定が結ばれ、国際太平洋オヒョウ委員会ができましたが、それによって私たちのオヒョウを獲る量が減りました。

そこで私たちは、1985年、オヒョウの漁獲量の訴訟を提訴したのですが、従来25%だったオヒョウの漁獲量を50%にする判決を得ることができました。これは、ボルト判決の判断にそったものです。

その後、1994年のギンダラの漁獲権についても50%を獲得しました。さらに、貝は魚類と同等であると認められ、貝についても同様の権利が認められました。

海の資源の漁獲権は全体として先住民の考えによって決めていくべきで、一種一種をいちいちルールを設定して決めるべきではない、という判事の発言もなされました。

これらの判決によって、マカトライブは複数の漁業管理プログラムを始めることができ、今では25種類以上の魚種の権利を有しています。

条約を結んだとき、私たちはアメリカで最大の漁業権と漁獲量を誇るトライブでした。それは今現在も変わっていないと思っています。

ジョナサン・スコルディノさん
マカトライブ　海洋生物学者

◆マカの捕鯨権

ジョナサン・スコルディノです。

マカトライブで海洋生物学者として、海洋政策についての科学的な調査をおこなっています。私の一番の仕事は、みなさんがニアベイ条約を使って、海洋生物、特にコククジラ（Gray whale）を捕獲できるよう手助けすることです。条約が結ばれた時は、捕鯨がマカの人々にとってとても重要なものでした。条約に基づいて、マカトライブが捕鯨とアザラシ猟ができるようにすることが目標です。

マカのロゴでは、サンダーバードがクジラを捕まえています。これは、マカにとってクジラが大切なことを象徴しています。

◆乱獲によるクジラの減少と70年ぶりのマカの捕鯨の復興

１９２０年代にはクジラとアザラシが商業目的の乱獲によって数を減らしてしまったので、トライブは個体数が増えるまでそれらを獲ることを一時、自主的にやめました。その後、１９９０年代になって個体数が回復したので、アザラシとコククジラ*の捕獲を再開しています。

アメリカ政府はマカトライブが捕鯨を再開することを支持したのですが、政府は国際捕鯨委員会の承認を受けなければなりませんでした。その承認が下りたのが１９９７年です。

アメリカ政府は、マカトライブが捕鯨を再開する前に、捕鯨による影響について影響評価を提出することを求められました。動物愛護団体の反対により、２０００年、アメリカ政府はトライブの捕鯨権を保障する裁判で負けてしまいました。

*コククジラは、１９９４年、絶滅の危機に瀕する種の保存法（ＥＳＡ）の指定から外れています。

[コラム]

サンダーバード伝説

昔から伝わっている話です。飢饉の時期があったのですが、海が荒れて漁に出られません。そのとき、サンダーバードがオリンピック山脈からやってきて、雷を銛のように落としてクジラを捕まえて、トライブの人々のところに持ってきてくれました。
（マカ博物館でのジェニーンさんのお話）

【マカのロゴ】
サンダーバード（雷神鳥）がクジラを捕まえています。サンダーバードはトライブに伝わる伝説の鳥です。

しかし、**マカトライブは1999年までの2年間に捕鯨を試みて、1999年5月17日、コククジラ1頭を捕獲することにすでに成功してい**ました。**それまで70年間中止されていた捕鯨を復興したことは、マカトライブにとって、非常に誇り高いこと**でした。

先祖が守ってきた条約の権利を守ることができたこと、カヌーやハプーン（クジラ猟用の大きな銛）を使った伝統的な猟法でクジラを捕獲し、料理し、祝うことができたことが、自分たちの誇りとなりました。

◆海洋哺乳類保護法とマカの捕鯨権

しかし、2002年に再び動物愛護団体が提訴し、⑴連邦政府はトライブのコククジラ捕鯨による影響評価、⑵1972年成立の海洋哺乳類保護法がマカの捕鯨権に優先されるべきではないか、という二点が争点となりました。

2004年、裁判所は、海洋哺乳類保護法は必ずしも条約のマカの捕鯨権を無効にはしないが、しかし、マカの捕鯨権が海洋哺乳類保護法によって管理されることは必要だ、という結論を出しました。

結果的には、マカトライブは、コククジラを捕獲するために、**捕鯨を一時停止する海洋哺乳類保護法の適用除外を申請しなければならず、2005年2月にその申請を出しました。**

私たちは、その結果が出るのを待っています。この免除許可のプロセスは非常に複雑で時間がかかるものなのです。現在、コククジラの生態分布を含む新しい科学的な挑戦という課題に取り組んでいます。

こういった複雑なプロセスの中で私たちが感じるのは、捕鯨権を保障する条約があったとしても、それを実際に行使することは容易ではない、ということです。

みなさんは条約がない状態の中で権利を求めて闘っているのでしょう。それでも私たちが歩んできたプロセスに触れていただき、諦めずに忍耐強く努力していただきたいと願っています。

私たちは、条約にある捕鯨権を行使できるようになるにはまだ2、3年かかると思っていますが、努力を続けたいと思っています。

――捕鯨を再開したらどのクジラをどのくらい獲ることになるのですか？

私たちは国際捕鯨委員会に、トライブとして、一年に5頭のコククジラを捕獲する申請をしていきます。伝統的な村がそれぞれ1頭、捕獲できることになります。

◆伝統的漁業へ立ち返る海産資源管理

ラッセル：こちらにオヒョウの釣り針があります。これについて少し説明させていただきたいと思います。

アメリカの連邦裁判所は、私たちの条約が守られるためにとても協力的でした。私たちが結んだニアベイ条約は、アメリカ憲法において土地に関する最高法規だからです。特に、国レベルの管理主体を通じてそれは承認されています。例えば太平洋漁業管理組合（ＰＦＭＣ）です。

１９７９年にできたマグナソン・スティーブンズ漁業保護管理法によって、８つの地域の漁業協会ができました。私たちのトライブはそのうちの１つ、太平洋漁業管理組合（ＰＦＭＣ）に所属しています。

私たちは、トライブに属さない人々と争うのではなく、良いパートナーシップを築いてい

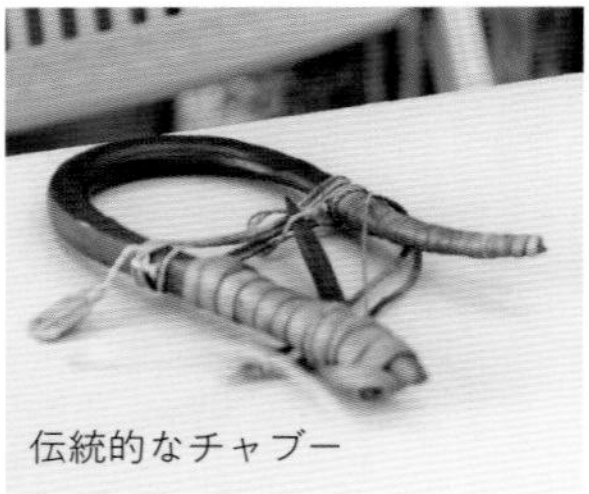

伝統的なチャブー

パトリック・デポーさん
マカ議会メンバー

くことをめざしています。その中で、PFMCパートナーとなってトライブの代表権を持つに至りました。

マグナソン・スティーブンズ法には2つのポイントがあります。**1つは海洋生物の保護、もう1つは、獲った魚の配分です。**

PMFCの下で、私たちは乱獲や獲りすぎている種を特定してきています。乱獲されているイエローアイ（コウジンメヌケ）という種が、オヒョウ漁のときに獲ってはいけない種に指定されています。そこで私たちは、オヒョウ漁でまちがってイエローアイを獲ることのないように、過去の伝統的漁法から学ぶことにしました。このチャブー（čibu·d）という名の伝統的なオヒョウ漁用釣り針を使うことにしたのです。

パトリックに、少しこの釣り針について説明してもらいます。

◆伝統的なオヒョウ漁用の釣り針

パトリック：ラッセルが説明したように、**私たちは過去へ戻って、先祖たちの釣り針の使い方をもう一度考えてみました。**

この釣り針を使って、今、試験的に漁業をしているのですが、これを使ったところイエローアイをまちがえて捕まえてしまうことは全くなく、

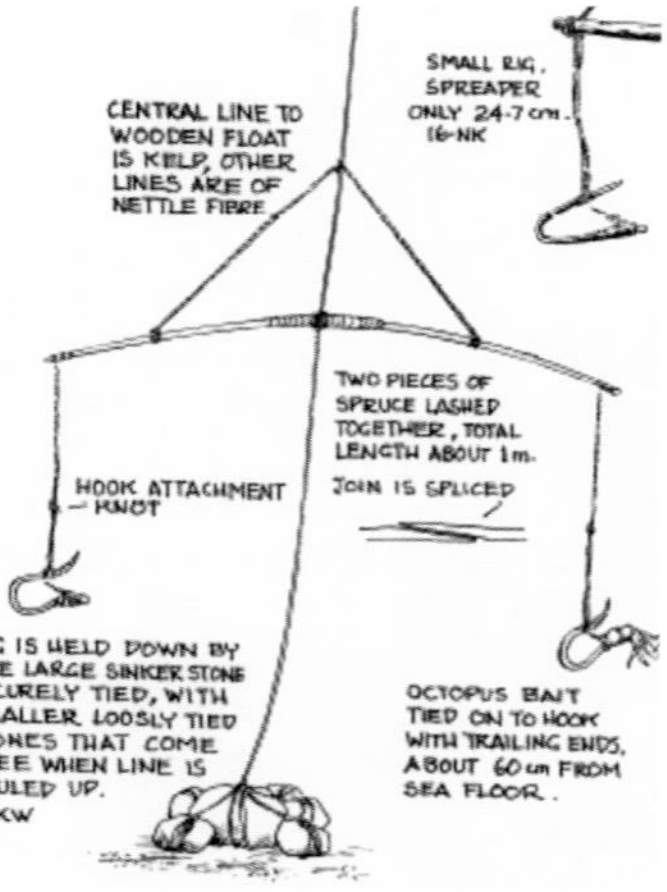

図1　チャブーの使われ方
出典：Joe Petersen（2016）"Bycatch Reduction by Hook Selectivity in the Recreational Halibut Fishery"
https://nmsolympiccoast.blob.core.windows.net/olympiccoast-prod/media/archive/involved/sac/present_makah_halibut_cibud.pdf

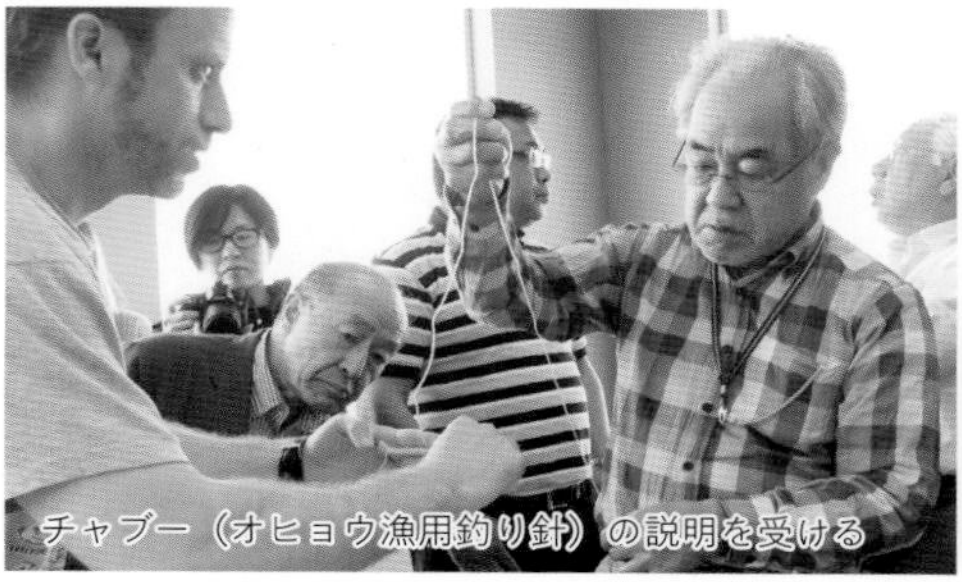

チャブー（オヒョウ漁用釣り針）の説明を受ける

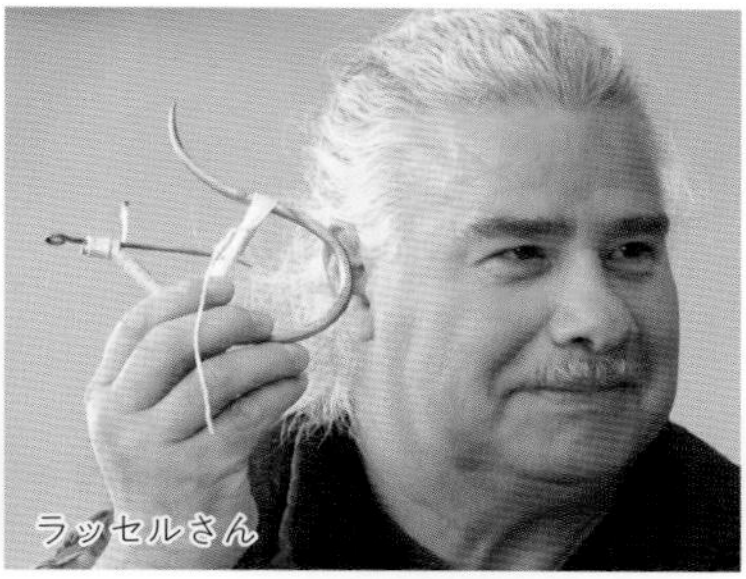

ラッセルさん

１００％、オヒョウだけを捕まえることができています。

それではマカトライブの秘密を明かさせてもらいたいと思います（笑）。

どうぞ近くに来て見てみてください。

ジョナサン：この釣り針は伝統的には、ヘムロック（マツ科ツガ）という木を使っています。近代になってから使われているのは金属製のものです。

この針の部分にえさをつけます。そこに糸を巻いて固定させます。そして上から糸でぶら下げて、角度を保つようにします。

オヒョウは体が薄いので、針の中に入って餌に食いつくことができます。それに対して、ほかの魚は、正面から食いついても餌がついている針にぶつかって、針の中まで入っていけず、食いつくことができません。だからイエローアイは食いつかないようになっているのです。

木でできた伝統的な釣り針は作るのに８時間かかります。金属製のものは20分でできます。プラスチックの型を用いて作るからです。安くできるように、今この試作品を作って試しに漁をしているところです。

図２　オヒョウの漁獲量に対してまちがえて捕えた魚の捕獲割合

Circlr：普通の釣り針を使った時

čibu·d：伝統的なチャブーという釣り針を使った時

出典：会議で解説してくれたジョナサンさんの論文

Jonathan Joseph Scordino（2017）“Evaluation of the čibu·d, traditional halibut hook of the Makah Tribe, for reducing catch of non-target species in recreational Pacific halibut fisheries”

https://www.sciencedirect.com/science/article/abs/pii/S016578361630323X

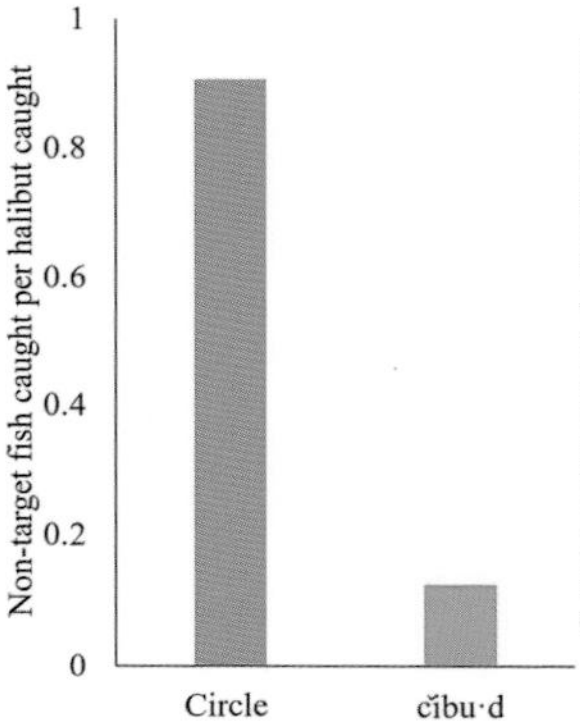

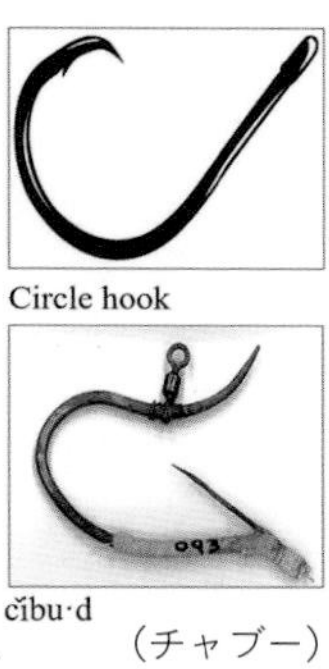

［交流会の様子］

マカの伝承者からの学び

—スペンサーさんによるフラッタリー岬ガイドツアー—

「ケイプトレイル」という森の中の小道を、スペンサー・マッカーティーさんがガイドしてくださいました。フラッタリー岬までの約1時間ほどのハイキングです。

スペンサーさんは、森の中の植物を知り尽くしています。

この木の枝は表皮をむいて食べることができて少し甘いだとか、この木の葉は、体をこすって洗うために使ったり、魔除けのために窓のところにかけておく、などの説明が次々に続きます。

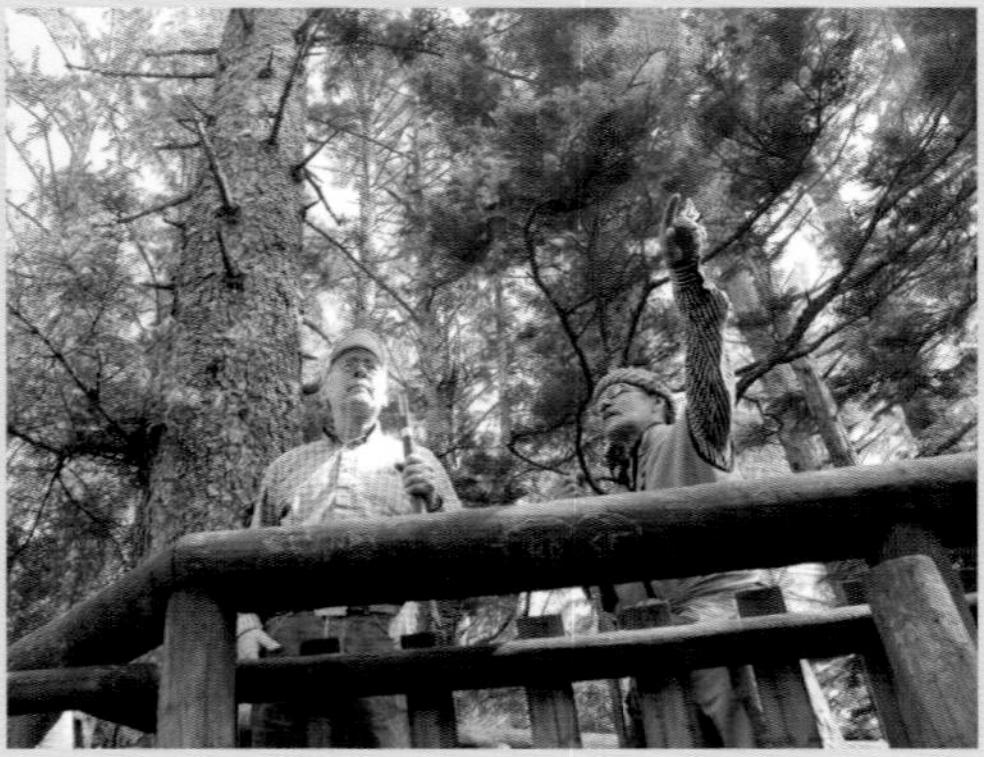

そのほかにもお腹が痛くなったときにお茶として飲む木や、ぜんそくに効く植物もありました。若葉を口に含んで吐き出すと恥ずかしがりの性格を直すことができると聞いて、試しにその若葉を一口含みましたが、すごく苦くて吐き出してしまいました。

また、誰かに焼かれた木の跡がありました。それを見たスペンサーさんは、昔は木を焼いて、それでできた炭を使って顔にペイントをしたことなども教えてくれました。

林床に咲いていたマイズルソウは北海道でもなじみの花

スペンサーさんの先祖の遺骨

スペンサーさんは、マカで遺骨返還をした最初の人ということでした。スミソニアン博物館から先祖の頭骨を一体、返還してもらっています。

そこで、遺骨返還についてのお話も聞きました。

スペンサー：私たちは文字を書くことをしなかったので、亡くなった家族や先祖の骨を家に置いておいて、彼らが生きていたときに教えてくれたことを覚えていられるようにするのです。お参りのためではありません。

家に安置するのは、私たちの慣習です。そういうことをするのも、私が最後の1人になってしまいましたが…。

木で墓標を作っていました。チーフを埋葬した時に墓標として使いました。遺体は立った姿で地中に埋葬します。そうすることによって、頭の部分を簡単に掘り返すことができます。遺体は1年か1年半すると掘り出します。

もう今は誰も墓標は作らないのですが、私は作ろうと思っています。私は手元にある1つの先祖の遺骨のために、墓標を作ろうと思っています。

私の先祖のもう一つの遺骨は、今、探しているところです。それは、私のひいおじいさんの頭骨です。私のひいおばあさんが、スミソニアン博物館で働いていた男性に売り渡してしまいました。ともかくスミソニアン博物館は1つの男性の遺骨を保有していたのです。

そして彼は、そのひいおじいさんの頭骨をコレクターに売り渡してしまったようです。今はそれを追跡しているところです。2つとも取り戻してから親族に告げたいと思っています。今は誰もそれについて知りません。みんなを怒らせたくないからです。

　私の家族は2世代にわたって、親族間で争い続けてきました。誰がチーフとなるかなどのもめごとです。遺骨を取り戻してからは少しよくなりました。

　私のひいおじいさんは3人の息子をもうけたのです。1人はグリーン家、もう1人はガイ家、そして私のおじいさんであるマッカーティー家、3つの家系があるのですが、本来は1つの家族なのです。今はそれらを再び1つにすることを目指しています。それが私の人生をかけた仕事の1つなのです。

トライブのために働く人々

　トライブの人々は次第に教育を受けて、そして戻ってこなくなった時期がありました。でも最近では教育を受けたあとに、トライブに戻ってくるようになりました。トライブとしては12人ほどの弁護士を有しています。ジョン・ホープという親族が判事になりましたが、知事などになった人はマカトライブからは出ていません。

捕鯨の方法を後世に伝えたい

　いくつか本を書きたいなと考えています。捕鯨について書きたいと思っています。

　捕鯨に関する本はたくさんありますが、具体的な捕鯨方法が書かれていません。

　私の家系ではおじいさんが最後のクジラ獲りの人でした。12年間、クジラを獲っていました。

　私たちはザトウクジラをよく獲っていました。そちらの方が肉質も良いし、素晴らしい。コククジラもそうですが、それは他の人々と交易するのに利用していました。でも良い部分は自分たちのものにしていました。

　私たちの子どもたちは今は別々に離れて暮らしているので、自分が直接教えることができません。私が死んだあとのことを考えると、本に書き残すことがベストだと思っています。

ジェニーンさんによる博物館ガイド

ジェニーン・レッドフォードさん
マカ文化研究センター長

マカトライブの博物館を、マカ文化研究センター長のジェニーン・レッドフォードさんに案内していただきました。

博物館はマカ文化研究センターの中にあります。撮影が許可されたのは、玄関ロビーだけです。

この博物館は１９７９年に開設され、トライブの博物館としては最も古い博物館とのことです。

最初に、マカの漁業や教育についての説明がありました。

クジラ猟のカヌー

◆マカの海の資源への権利

１８５５年のニアベイ条約で、トライブは連邦政府に土地の多くを譲り渡して、マカトライブの土地はわずかな範囲になりました。しかし条約によって、漁業、狩猟、海での猟を認められ、40マイル（64キロ）沖まで権利が認められています。

伝統的には40マイルを超えていたのですが、40マイルに制限されました。アザラシやクジラ猟も40マイルの制限があります。それでも、私たちの海の資源への権利は、土地の資源への権利よりもはるかに良いものでした。

マカが1999年に捕獲したコククジラ（gray whale）の骨格標本。博物館の入り口に展示されている。

◆オゼット村の遺跡

博物館がオープンした頃、オゼット村の発掘をしていました。発掘されたオゼット村の遺物を、この博物館で展示しています。ヨーロッパの人とのコンタクトがあった以前に、マカの人々が使っていた遺物となります。

オゼット村は、1500年代からほぼ5世紀、泥におおわれていました。その間、村の遺物は泥によって保存されていたのですが、保存状態はとても良好でした。*

発掘作業は、1970年から11年間に及び、発掘した遺物は5万5000点になります。発掘にはワシントン州東部の大学、トライブの人々自身も関わりました。

発掘がおこなわれた年に一般の人のツアーもおこない、発掘現場を見て、歴史や遺物に実際に触れてもらう機会も作りました。展示をする博物館の設置にむけて、マカの人々が外部の人々と協働しながら、自分たちの物語や歴史を伝えるために努力しました。

オゼット村に人が住んでいたのは1910年までで、その後みんなニアベイへ引っ越してきました。

オゼット村の周辺はすべて国立公園ですが、1万平方マイルだけは、私たちのリザベーションになります。

◆カヌー、コククジラの骨格展示

博物館に展示されているのは、カヌーなど一部はトライブで作ったレプリカですが、それ以外はすべて現物で、500年くらい前のものです。こ

クジラ猟用のカヌーのパドルと浮き

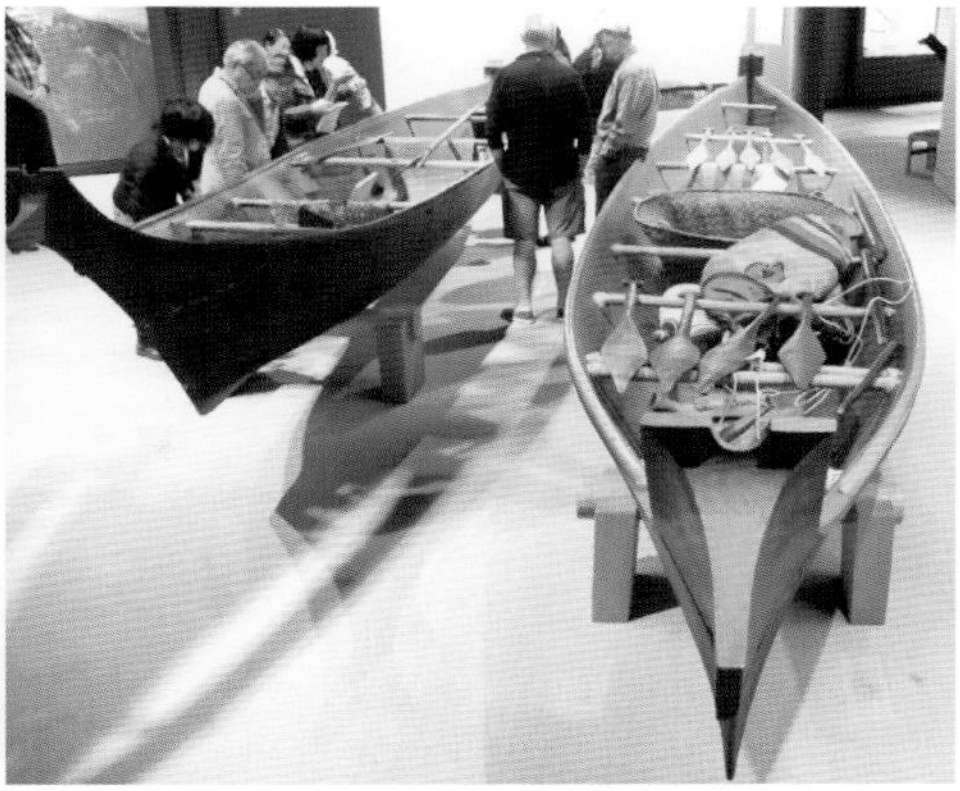

右がクジラ猟、左がアザラシ猟用のカヌー

ここでは春に捕鯨を始めるときに使うものが展示されています。

クジラを獲るための訓練は子どものころから行われます。銛《モリ》を刺したクジラを浜に持って帰るときに、クジラの口を閉じるのですが、子どものころからその作業を一緒にやるというように、訓練を小さいころから行います。

銛をクジラに刺したあとに、浮きをつけるのですが、アザラシの皮を使ったものです。クジラが下に沈んでしまわないようにします。殺すのは、刺して浮きを付けて浜にあげてから、最後におこないます。もともと獲っていたクジラは、コククジラとザトウクジラの2種類ですが、現在獲ろうとしているのはコククジラです。

クジラ猟のときには、一つのカヌーに8人乗りますが、複数のカヌーで一緒に行きます。

これはクジラ猟のためのカヌーのレプリカです。そのためのパドルは、先っぽが尖っています。波を立てすぎないようにするためです。そこにあるのがアザラシの皮で作った浮きになります。カヌーは1本の古いシダー（ヒマラヤスギ属植物）から作られています。お湯を使っ

＊マカには昔、大きな土砂崩れがあり、オゼット村をおおいつくしたという言い伝えがありました。1969年から70年にかけての冬、嵐によって土手が削られ、土の中に完全な状態で保存されていた木の工芸品などが地表に出てきました。言い伝えは正しかったのです。発掘によって、500年ほど前の土砂崩れによって埋められていた6棟のロングハウスと、その中で使われていた木工品が出てきました。
（マカ博物館のサイトより）

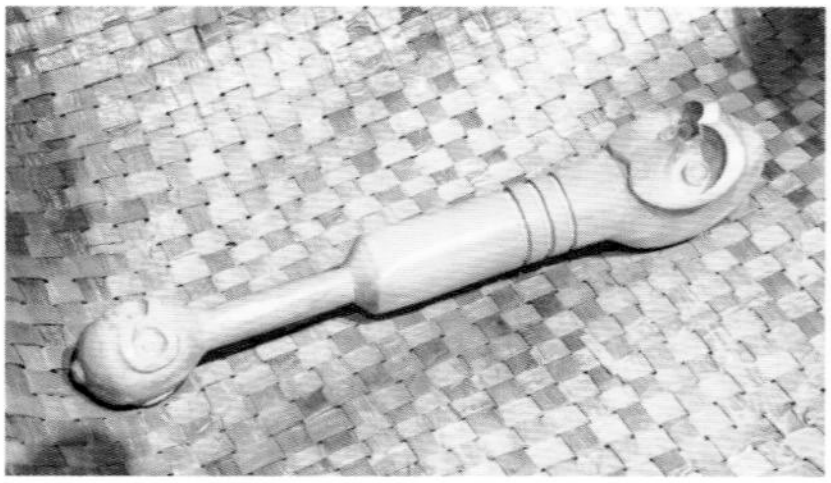

アザラシ猟用の棍棒

アザラシ猟用のカヌー

てのばしています。

こちらはアザラシ猟のためのカヌーです。この銛も使いますが、その上で棍棒を使います。マカの人々にとっては、魚よりもアザラシとクジラが重要なものです。そちらのケースにあるのは実際に発掘されたアザラシ猟の道具です。

後ろ側に漕ぎすぎるとカヌーが沈んでしまうので、体の横よりも後ろには漕がないようにします。

マカの伝承者のスペンサー・マッカーティーさんは木彫りをする人ですが、彼が2年前にこのパドルを作りました。

トドは昔から一緒に生活している動物の一つです。魚をたくさん食べるので、私たちの競争相手ですね。

小さいカヌーは、魚釣りや出かけるときに使いますが、子どもが幼い頃からパドリングを学びます。波のある海でも使えるし、川でも乗れます。小さい子が実際に乗っている写真もあります。カヌーは1本の木から作られていますが、先端の部分だけは、木の真ん中の部分が腐食している場合がありますので、別の木から作ります。

◆オヒョウの釣り針・網を使ったサケ漁

すでにみなさんが見たオヒョウの釣り針の、さらに古いものがこちらにあります。タトゥーシュ島（白人によって灯台が造られた島 56頁）でオヒョウを日干ししているところの写真も展示されています。マカにとって重要な順番はクジラ、アザラシ、その次にくるのがオヒョウと言えます。

この漁網が、ラッセル・スヴェックさんがお話ししていた、５００年以上前に使われていた漁網です。マカが伝統的に網を使ったサケ漁をおこなっていたことの重要な証拠となり、サ

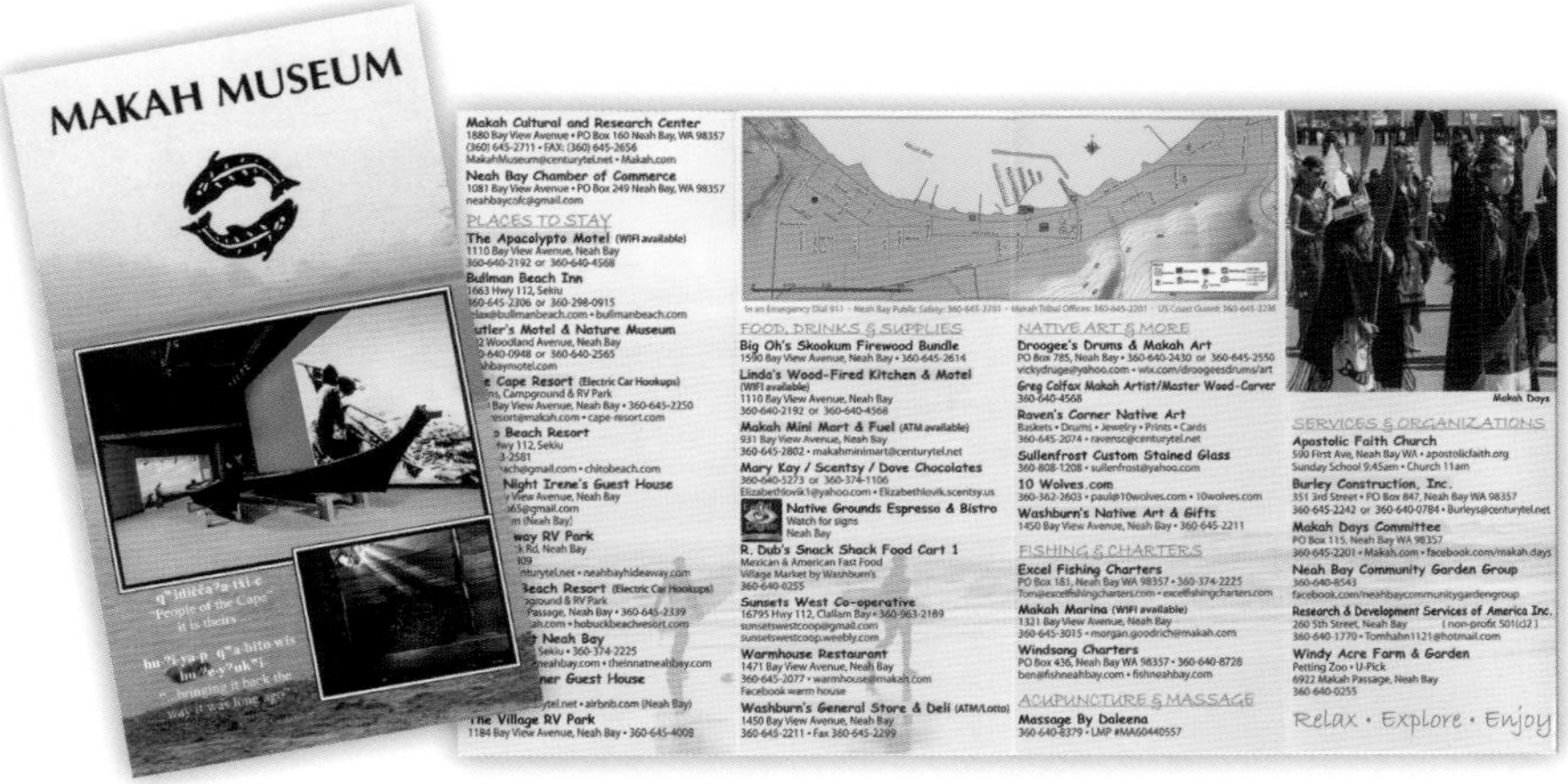

ケの50%の捕獲を認めるボルト判決につながりました。この網がどのように使われていたのか、刺し網漁だったのかは不明です。材料はイラクサです。

◆ロングハウス

このパネルはオゼット村から北の景色を見たときのイメージです。こちらの展示は木でできたチセ（アイヌの伝統家屋）のようなロングハウスです。発掘された家と同じように再現された家になります。このくらいのサイズの家には15~20人くらいが住んでいたと思われます。

薪を焚いているところは、屋根が煙を出すために板を動かすことができて、雨が降ったらまた閉めることができるようになっています。

博物館はとても広くてオゼット村遺跡から出てきた遺物がたくさん展示されていました。槍の先を入れる籠やガマの茎や葉で作ったバスケット、狩猟のときにかぶる帽子やブランケットなどの織物類、おもちゃとして使われたと思われるミニチュアや、クジラや動物の骨で作られた道具などです。弓矢や、ラッコの皮で作った矢を入れておく入れ物もありました。

土砂崩れという偶然によって伝統的な暮らしぶりが保存されたわけですが、それを博物館として展示するだけでなく、トライブ自身が文化研究センターを作って今も調査・研究しているのです。

マカの人々が、トライブの文化やクジラ猟など、自らの伝統に誇りをもって生きていることがひしひしと伝わる博物館、そしてジェニーンさんの解説でした。

マカトライブにおける遺骨返還と再埋葬～ジェニーンさんのお話

マカトライブの伝承者でフラッタリー岬をガイドしてくださったスペンサーさんから、彼がこの地域で一番最初に、スミソニアン博物館から先祖の（おじいさんの兄弟の）遺骨の一つを取り戻した、という話をお聞きしました。

そしてマカ文化研究センター長のジェニーンさんが、マカの遺骨返還に、長年尽力されてきた人だと知りました。そこで、マカトライブ滞在中に、ジェニーンさんからトライブの遺骨返還のお話をぜひお聞きしたいと考え、チャールズさんを通じてお願いしました。休日だったにも関わらず、ジェニーンさんは快くご自宅でお会いしてくださいました。

◆マカにおける遺骨返還

マカに返還された人骨の数は10体もなく、それほど大きな数ではありません。

返還された1つの例をお話しますと、そう古いことではなく、１９６０年代に、ワシントン大学の考古学者によって、トライブの許可なくマカの共同墓地から持っていかれた遺骨がありました。その場合はどこで掘り起こしたかの記録やマップが残されていたので、とても明瞭で簡単な、珍しい例でした。

広大な戦闘地などがある他のトライブの地域では、大きな数の遺骨があったと思われますが、マカにはそういう場所がなく、マカの共同墓地には、おそらく天然痘によって短期間にたくさんの人が死んで埋められていたのだと思います。

◆遺骨・副葬品の返還とアメリカの法律

1990年に、「アメリカ先住民の墓地の保護と遺骨等の返還に関する法律」(NAGPRA)ができました。当初は、法律による返還の結果、全米の博物館の棚がからっぽになるのではないかと心配する人もいました。トライブが来て、すべての遺骨や副葬品の返還を要求し、持って行ってしまうのではないかという心配です。

しかし、理由はいろいろありますが、副葬品などについては、返還はたった4つのカテゴリーにあてはまる場合しか認められないこともあって、返還を求めることは容易ではありませんでした。トライブの人が博物館に行って、これは自分の祖先が作ったものだから全部返還してほしい、と要求することはなかなか難しいのです。

4つのカテゴリー、例えば儀式のために重要なものだとか、個人が売買できないものとか、コミュニティが所有しているもの、などに該当しているかの判断が必要です。

1990年の法は長いプロセスをかけて作り上げられたものです。

この法律が成立したあとで、博物館や大学は、所蔵しているものについての詳しい情報が必要であることを自覚し、博物館の専門家が、副葬品や工芸品についてよく知っている人に質問することによって、正しい認識を得るようになりました。

例えばペンシルベニア州の博物館で、マカの木彫り職人が作った工芸品として展示されていたものが、間違った表示だと判明しました。そこで、マカの人が出かけて行って、だれが彫ったかや使い方について間違いを指摘し、訂正しました。

このように先住民自身が工芸品について主張、説明する重要性が、NAGPRAによって回復したと言えます。

この法律は私立博物館には適用はないのですが、返還要求して返してもらったことはあります。マカでも博物館などから、小さい副葬品ですが、ＮＡＧＰＲＡに基づかないで返還を受けたことも何度もあります。

◆トライブによる遺骨返還

遺骨返還を個人レベルで請求するのか、それともトライブとして請求するのかは、おそらく権限（資格）について書いてある文書によると思われます。時として、幸いなことに、博物館や大学にある記録に、マカのトライブの人間に属すると書かれていることがあります。

遺骨や副葬品がトライブに戻るのか、個人に戻るかですが、ほとんどの場合はトライブに戻ります。なぜなら個人の特定ができない場合が多いからです。

〈スペンサーさんの場合〉

スペンサーさんのケースはとても特殊でした。なぜなら、遺骨や副葬品についての情報がきちんと記載されていて、だれのものかがきちんと特定できた、とても珍しいケースでした。こうしたケースでは遺骨返還の請求はトライブからしましたが、その場合でも博物館は個人に返すことができたのです。

この場合、１９９０年のＮＡＧＰＲＡの適用ではありませんでした。なぜなら、相手がスミソニアン博物館だったので、１９８９年に成立していた「国立アメリカインディアン博物館法」[*]（ＮＭＡＩ）が適用されたからです。これはＮＡＧＰＲＡと本質的にほぼ同じ内容の法律で、返還を義務付けています。

◆トライブの協働による返還と再埋葬

遺骨がどの家から出たかもわからないケースが多く、さらに非常に多くのケースでは、ト

マカの遺骨返還について、ジェニーンさんのご自宅でレクチャーを受ける

ライブさえわからないのです。そのためにトライブ間の協定が結ばれたことがあります。

それはトライブの名前もなく、ただ「ワシントン州の西のトライブ」としか表示されていないケースの場合などです。その場合は博物館の棚や地下から運び出して、それを指定された場所、共同墓地に再埋葬します。そのために複数のトライブが協働しますが、このようなトライブ同士の協働はいいものです。普段はトライブ同士が協働することはありませんから。

マカトライブとしてはないのですが、シアトル周辺のピュージェット湾の複数のトライブが、遺骨返還と再埋葬を協働して実現するということがありました。

◆「再埋葬」は新しい概念

スペンサーさんによると、マカでは伝統的に木の上に遺体をつるして、それが自然に地上に落ちてきたときに遺骨を集めて再埋葬する、とのことですが、私たちはほとんどの場合、土に再埋葬します。ただ、再埋葬の方法は大学や博物館が指示できず、トライブとトライブの個人が

＊1989年の「国立アメリカインディアン博物館法」は、スミソニアン博物館に対する、トライブによる遺骨や副葬品の返還請求を認める法律です。1990年のNAGPRAは、連邦政府の公的助成を受けるすべての組織や博物館に対して、同様の請求を認める法律です。

決定できることです。

マカに返還された骨を再埋葬するときには、伝統的な墓地ではなく、現代の墓地に埋葬します。再埋葬の方法は、伝統と近代的なやり方がミックスされたものだと言えるでしょう。そのときには伝統的な儀式もおこないます。つまり現代的なやり方と伝統的なやり方の組み合わせです。なぜかというと、「再埋葬」というのは新しい概念です。1788年より前、すなわち先祖の骨が研究のために持ちだされたことがなかった時代には、再埋葬などということはありませんでしたから。

ですからどのように埋葬するかは、新しく考えなければいけないと思われます。他のトライブでもそうです。

◆行政は返還方法に口を出せない

トライブに返った遺骨等について、「それはうちの先祖だ」と言って、トライブに対して個人が権利を主張したり、子孫同士が権利を主張して争うようなことは聞いたことがありません。550以上のトライブがあるので、中にはそういうこともあるのかもしれませんが、私は聞いたことがありません。

面白いことに、大学、博物館、連邦の国立公園局その他の行政団体（国からお金を受けている組織、博物館）は、人骨や副葬品の返還に際して、これはどういう風に使われるべきとか、儀式をするべきだとか、どこに行くべきだという権利がなく、口出しはできません。

◆証明責任は博物館にある

1990年の法律により、多くの場合、**博物館は遺骨と副葬品について、公正な売買により取得したことについて、それを証明する責任**があります。博物館が売買について、その領

収書を示さなければなりません。しかし多くの場合、博物館や大学は法的権利を証明できません。ですからこういう場合は、NAGPRAで返還請求できるのです。

〈チャールズさんによる補足〉

NAGPRAによって、博物館に証明責任が負わされています。このNAGPRAという法律は、その条文を作成すること自体にトライブの人々が深く関わりました。証明責任の定義が良い例で、トライブに有利になっています。

草案に関わった弁護士はトライブの側の弁護士だったので、いい結果になりました。

サケはアイヌの魚

萱野　茂

サケのことを北海道ではふつうは秋味《あきあじ》というが、アイヌはカムイチェプ（神の魚）、またはシエペ（シ＝本当に、エ＝食べる、ペ＝もの、しゃべるときはシペという）と呼んだ。

北海道というとクマとアイヌが主役で、有名なのはイヨマンテ（クマ送り）で、あたかもクマの肉を主食にしていたように思われがちだ。しかし、私が物心ついて約七〇年、その間に村でクマが獲れたのは昭和一六年頃に二谷勇吉さんが一頭、そのあと昭和三五年に貝沢健二郎さんが二頭か三頭、私の弟貝沢留治が昭和四〇年頃に一頭獲っただけであった。

こうしてみると、一〇年に一頭にもならないほどなので、クマの肉はめったに口に入るものではなく、クマの肉のことをアイヌたちは、カムイハル（神の食べ物）というほどであった。

これに対しサケのほうはアイヌがシエペ（本当の食べ物、主食）という言い方で大切にした食べ物であり、本当に当てにしてくらしていたのである。

八月から一〇月いっぱいまでは、その日その日に食べる分、あるいは近所のお年寄りに分け与える分のみを獲ってくるようにしていた。それは、この時期のサケは脂が乗りすぎていて、たくさん必要な保存用には適していないからである。産卵を終えていないと脂が強すぎて開いて干してからも脂焼けして茶色に変色し、食べるときには口に粘りついて少しもおいしくない。

それに比べて、一一月になって産卵を終えたサケは身が白くなって脂気がないので乾燥させやすく、またこの時期はハエもいないのでウジがわく心配もない。尻尾は産卵床を掘ったために真っ白になってしまい、よたよたしているので獲るというより集めてくるという感じで、こうなったものこそ五年も一〇年も保存が利くというものだ。

アイヌたちが定住の場を決めたのは、サケの遡上が止まるところまでであり、主食として当てにしていたことがそのことからはっきりわかるはずだ。世界中でアイヌ民族だけが使っていたと思われるマレプ（回転銛）など、サケを獲る道具は約一五種類もあり、サケの食べ方は大ざっぱに数えて二〇種類。その中には生のまま食べる食べ方もあり、獲ってすぐでなければできない料理もある。

　アイヌは自然の摂理にしたがって利息だけを食べて、その日その日の食べ物に不自由がないことを幸せとしていたのである。それなのに日本人が勝手に北海道へやってきて、手始めにアイヌ民族の主食を奪い、日本語がわからない、日本の文字も読めないアイヌに一方的にサケを獲ることを禁じてしまった。

　これはアイヌ民族の生活をする権利を、生きる権利を、法律なるものでしばったわけで、サケを獲れば密漁だ、木を伐れば盗伐だ、と手枷足枷そのものであった。

　話を古いほうへ戻すが、昭和六年か七年のこと、秋の日にわが家の建て付けの悪い板戸を開けて巡査が入ってきて、立ったまま、清太郎（アレクアイヌ）行くか、と父にいった。

　父は板の間にひれ伏し、はい行きます、といったままで大粒の涙をポタッポタッと落とした。それを見た私は、あれっ、大人が泣いていると思ったが、次が大変であった。

　父は巡査に連れられ平取のほうへ歩き出し、私が泣きながら父のあとを追いかけると、私を連れ戻そうと大人たちが追ってくる。その大人たちの顔に私と同じに涙が流れていたのを、つい昨日のように思い出すことができる。

　毎晩こっそり獲ってきて子どもたちに口止めしながら食べさせていたサケは、日本人が作った法律によって、獲ってはならない魚になっていたというわけであった。

　父が連れていかれたあとで、祖母てかっては、「シサムカラペヘ　チェプネワヘ　クポホポンノ　ウクワエッヒネ　カムイドラノ　ポホウタラ　エパロイキヒ　アコパクハウェ　シサムウタラ　ポロンノウッヒ　アナッネ　ソモアコイパッハウェー」と嘆きの言葉をもらしながら泣いていた。

　この意味は、「和人（日本人）が作ったものがサケであるまいに、私の息子が少し獲ってきて、神々と子どもたちに食べさせたことで罰を受け、和人がたくさん獲ったことは罰せられないのかい」ということである。

　私はこれまでパスポートを必要とする旅を二四回していて、行った先ではなるべくその国の先住民と称せられる人びとと交流をしてきたが、侵略によって主食を奪われた民族は聞いたことがない。

　現在のサケとアイヌの関わりがどうなっているかを述べよう。北海道全土の漁協が獲っているサケの数は数千万匹という。その中でアイヌ民族が書類を出して獲らせてもらえる数といえば、登別アイヌが伝統的漁法であるラウォマプ（やな）で五匹獲れるのと、今一ヵ所は札幌アイヌがアシリチェプノミ（新しいサケを迎える祭り）のために獲れるのが数年前まで二〇匹であった。

この本をお読みになる日本人の読者の方々よ。あなたが悪いのではないが、あなたたちの先祖が犯した過ちが今もなお踏襲されているのはまぎれもない事実なのであり、それを正すも正さないもあなたたちの手にゆだねられていることを知ってほしい、と私は思っている。

もし、よその国から言葉も風習もまったく違う人たちがどさっと日本へ渡ってきて、おまえたち、今日から米を食うな、米食ったら逮捕するぞ、という法律を押しつけたらどうであろうか。これと同じことをアイヌに対して日本人はしたのである。

こう私はいい続け、書き続けているが、私が語り続けてきたことにまったく反応がないのはなぜだろうか。

私は、アイヌ民族の食文化継承のために必要なサケはどうぞご自由に、といってほしいだけで、そうむずかしい注文をしているわけではないはずだ。

私が生まれ育ったシシリムカペッ（沙流川の河口から四キロほどのところ）に、頑丈なやなが設置され、一匹のサケも遡上できなくなり、キツネやカラス、シマフクロウ、クマなど上流で腹を空かせて待っているものたちがいることだろう。こうした動物たち、そしてアイヌに、有史以来食べる権利を持っていたものたちのために、やなを三日に一度でいいから開けられないものだろうか。

川は誰のものなのか、漁業組合なるものの占有物ではないはず。その流域でくらしている生きとし生けるものたちの共有財産であったものを、一部の人たちの思いのままにしていいのだろうか。

（萱野茂『アイヌ歳時記　二風谷のくらしと心』所収、二〇一七年、筑摩書房）

萱野　茂（かやの・しげる）

一九二六―二〇〇六年。北海道生まれ。アイヌ文化研究者。学術博士。長年アイヌの民具や伝承を精力的に収集・記録し、一九七二年には二風谷アイヌ文化資料館を開設、館長を務める。一九九四年、アイヌ出身者としてはじめて国会議員となり、北海道旧土人保護法撤廃・アイヌ文化振興法制定などに尽力。主な著書に、『ウエペケレ集大成』（アルドオ、菊池寛賞）、『萱野茂のアイヌ神話集成』（ビクターエンタテインメント、毎日出版文化賞）、『萱野茂のアイヌ語辞典』（三省堂）などがある。

Ⅲ ダムをこわしエルワ川にサケを呼び戻す
——ローワーエルワクラムトライブ

はじめに

マカトライブの訪問後、私たちが向かったのは、ローワーエルワクララムトライブの土地です。クララムの人々は、川にサケを呼び戻すためにエルワ川の２つのダムを撤去しました。これは歴史上、世界でもっとも壮大なダム撤去事業と言われています。

クララムはどのようなトライブでしょうか。

どのようにこの偉業を成し遂げ、今、何を目指しているのでしょうか。

クララムを訪問する前日に、私たちはチャールズさんから、クララムについてのレクチャーを受けました。同じ漁業委員会に属するトライブであっても、マカとはかなり違いがあること、ダム撤去がどのようになされたかなどについて、詳しく説明していただきました。

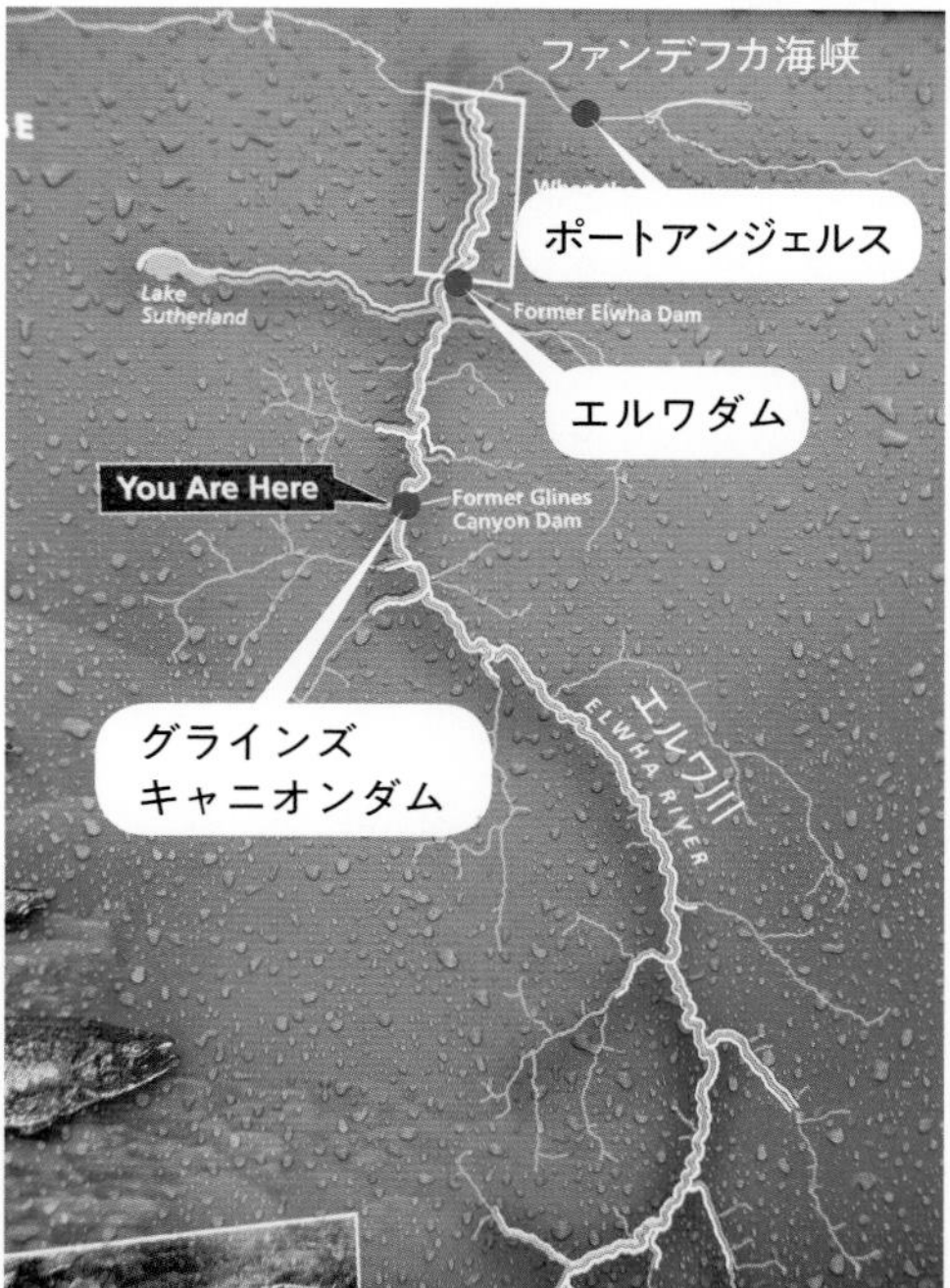

エルワダムは河口から7.9キロ、グラインズキャニオンダムは21キロ

チャールズさんのレクチャー

◆海の人々・湾の人々

私たちが次に訪問するトライブは、マカとは全く違う人々となります。クララムはファンデフカ海峡の東の人々になります。そこから北に見えるのが、カナダのバンクーバー島です。マカとクララムは昔から隣同士で、そのため対立もありました。漁業委員会には20のトライブがあります。そのうちの４つのトライブ、マカ、クゥイルー、ホー、クゥイナルトの４つが太平洋に面しています。そのほかの16のトライブ（クララムも含む）は、ピュージェット湾とファンデフカ海峡のまわりにあります。

多くのトライブはセーリッシュ言語を共有しますが、マカはセーリッシュとは違う別の言葉を話します。マカはバンクーバー島の人々と強い繋がりがあります。（マカとクララムには）「海の人々」「ピュージェット湾の人々」という区別があります。

マカとクララムは対立もありますが、そもそも違う歴史を歩んできました。ですから漁業委員会の中で共に協力していく中で、いくつか困難な点があったと思います。

（例えば今回のスケジュールについても）「クララムの人々に会いに行くんだ」と言うと、マカの人々からすると、「どうしてそこに行くんだ?」という思いがあったことでしょう。逆にクララムの人々は、「マカで4日間も過ごしてクラランムに1日しかいないのはどうして？」と思ったことでしょう。

◆トライブは兄弟姉妹——連帯して成し遂げてきた偉業

20トライブの漁業委員会（NWIFC）のことをほめすぎるつもりはないのですが、歴史的なことを成し遂げてきた素晴らしい団体だと思います。

たんに先住民の委員会だからというだけではありません。いかなる団体であったとしても、この委員会ほど素晴らしいことを成し遂げた団体はないのではないか、という仕事を達成してきました。

この委員会が成し遂げてきた素晴らしいこと、それは、**科学的な研究なども踏まえながら、太平洋岸や海峡も含めたすべてのサーモンを絶滅の危機から救って、種を守ってきた努力**です。また技術的、具体的なこともよくやっていて、例えば水揚げされた魚を一匹残らず数え上げるという実践もきちんとされています。

漁業委員会のもう一つの成果としては、**生活様式などの違いや対立もあった20のトライブをまとめて、協力する場所を作ってきた**ということです。

ビリー・フランク・ジュニアはセーリッシュ言語グループの一員で、ピュージェット湾の一員ですが、集まりをもつときには、「よく聞け、太平洋側のトライブも私たちの兄弟姉妹であり大事な仲間、家族なんだ」ということを強調しました。

マカの方にも彼は出かけていき、「太平洋岸だけじゃなくてピュージェット湾にいる人々も兄弟姉妹で仲間なんだ」ということを叫んでいたわけです。

そういう意味で、ビリーさんの素晴らしさというものは感じてもらえると思います。

◆すべてを奪った2つのダム（1912年・1927年）

クララムは民族的にいうと1つのトライブです。近代になってから、3つのトライブに分けられました。ポートギャンブルスクララム、ジェイムスタウンスクララム、そして、明日、私たちが訪れるローワーエルワクララムです。

彼らが成し遂げたこととは、**不可能を可能にした**ということです、今まさにみなさんがされようとしているように、です。

エルワ川の源となっているオリンピック山脈の山々

彼らが成し遂げた努力とみなさんの努力は、中身は違います。しかし1950年代、クララムは州や国に叩きのめされ続けて文化的に危機的状況にあった、そういう意味では、アイヌの人々と類似点があるかもしれません。

重要なのは、彼らは**エルワ川の人々だ**ということです。

エルワ川は素晴らしい川です。あらゆる種のサーモンがのぼる川で、キングサーモンは55キロ以上、上流にまでのぼります。ファンデフカ海峡へ流れていく川で、サーモンの生息地としては最も素晴らしい場所です。

オリンピック国立公園内に、オリンピック山脈がありますね。車から、ところどころで山脈のてっぺんが見えると思います。2000メートル弱の山々になります。山の中には氷河もあるし、水は冷たく、土は層が厚く、夏は日本海流（北太平洋海流）からくる涼しい風が山にあたり、サーモンにとってはベストな生息地となります。

1912年に、エルワ川に本当にひどい〝馬鹿者〟がやってきて、ダムを造ってしまいます。自分の製材企業を運営するためにやってきてダ

「サケがいなくなれば私たちの文化も条約の権利も失われる。
私たちは岐路に立っている。残された時間はわずかだ」
（ビリー・フランク・ジュニア）

ムを造ってしまいました。1927年には、上流にもう1つのダムを造ってしまいます。

1970年代、ダムが造られた頃のことを覚えているトライブの人々がいました。遡上しているサケがダムにぶつかってそれ以上のぼることができないのを見て、嘆いていました。ダムをのぼれないサケを見ながら、そこに住むトライブの人は、泣いて嘆くしかなかった……。それしかできなかったのです。

彼らは川を失ったのです。**生活の、命の一部であった川を**、です。川の沿岸には村があったにもかかわらず、です。ダムによって川がせき止められたために、まわりにあった村が沈んでしまいました。

明日、ラス・ヘップファーさんが、私が説明するよりもこの状況をうまく説明してくれると思います。彼らがやってきたことは物語を語り伝えることです。彼らは、何が起きたのかを正確に伝え続けてきたのです。ダムができた1920年代から、ずっとずっと、語り継いでいくという伝統を守ってきた人々です。

1960～80年代というのは、まわりのトライブも協力して集いだした時代です。その時には、川がすべてだったローワーエルワの人々は、多くを失っていてなにも残されていませんでした。

◆成し遂げたダム撤去（2012年）——環境保護における今世紀最大の快挙

1990年代、ダムによる発電のための許可更新の時期がきて、クララムの人々はこの発電許可を更新しないように正式に申請を出しました。彼らは小さなトライブですが、ダムの許可更新をしないように申請した、アメリカで最初のトライブになるのです。

発電許可の更新に反対する動きは、トライブの人々から始まり、やがて環境団体もそれに続きました。そして裁判所、連邦議会の議題となるわけです。

当初は、ポートアンジェルスの街の人々は、ローワーエルワの人々に対してあまり協力的ではありませんでした。そこでローワーエルワの人々は、トライブに対する世論を変える努力をしなければなりませんでした。ラスさんにお会いしたら、トライブ以外の人々も繋がりを感じることができるような、素晴らしい人であることがわかると思います。

世論を変えた、というところが重要になります。

達成できた要因は、ローワーエルワの人々の努力もありますが、同時に、**ワシントン州の人々がサーモンを愛し、サーモンが生活の一部であることを理解し、ダムによってサーモンにどのような悪影響があるのかを明らかにした**ことです。それが世論を動かしたきっかけだったと思います。

ローワーエルワの人々は、それまで前例が一つもなかったダム撤去、という大きなことを成し遂げました。

「ダムは、アメリカ政府による開拓のため、農地にするため必要だった」という歴史から、「もう撤去が必要だ」という方向に変えていったのです。実現するまでの努力や経過は長く複雑なものです。それを短く言うと、ブルース・バベット内務省長官が連邦議会で、「ダムは撤去されるべきだ」という判断をするまでに至ったということです。

大きな出来事は２０１２年だったと思いますが、トライブの人々が儀式を行い、２つのダムが永久に撤去されてなくなったということでしょう。

２つのダムの発電のための水利権は、連邦議会が会社から買い取りました。木工場を営んでいた会社が電力を使っていたのですが、ほかに供給先は非常に少なかったのです。少ない供給力をどのように代替するかというところからも始まったわけです。

またダムを撤去すると、一気に水が流れてポートアンジェルスは沈没してしまうでしょうから、注意深く撤去していくという計画も必要でした。

ダムが撤去された実際の現場に足を運ぶことになると思いますが、ダムがそこにあってせき止められていたのだという悲しい事実と、ダムが撤去されて、まだ数は多くはないのですがサーモンが戻ってきている、という美しい部分も見ていただけると思います。

エルワ川の2つのダムの撤去は、アメリカ西部で成し遂げられた、環境保護における今世紀最大の快挙だったと思います。それは同時に、アメリカ先住民が成し遂げたという意味でも大きな快挙でした。

アメリカ最大のダム撤去 ——環境回復プロジェクト

- オリンピック半島を北へ流れるエルワ川（72㎞）は、地元トライブの間で「群れの上を歩いて対岸に渡れる」と言われるほど多くのサケが遡上する、豊かな川でした。そこに20世紀初頭、ポートアンジェルス市内の製紙工場への電力供給やオリンピック半島の開発を目的として、1912年にエルワダム（河口から7.9㎞、堤高33 m）、その上流に1927年、グラインズキャニオンダム（堤高64 m）が建設されたのです。ダムには魚道も未整備なため、毎年40万匹も産卵で帰ってきていたサケが、建設後は3000匹にまで激減しました。

- ダム撤去の動きは、漁業権の復活を求めるトライブの、ダムによる発電許可の更新に反対する運動として始まり、やがて環境保護団体も加わりました。またダムの老朽化による維持コストの高騰もあって、1992年、エルワ川環境回復法が連邦議会を通過、ダムの撤去が決定します。

- この法案には、ダム撤去前に実施すべき準備対策が詳細に定められ（川の堆積物の増加に対する水処理施設の建設や、水位の上昇に対しての堤防改修等）、20年かけて予算獲得や準備、不安を抱く地元民との合意がなされ、2011～2014年にかけて両ダムは撤去されました。

- その後、ダム湖に沈殿していた大量の土砂や流木の堆積物が下流に放出され、河口部には大小の砂洲が形成され、豊かな自然環境のなかで、生物どうしが複雑に絡み合う生態系が再活性化しています。

ダムの撤去と川の再生はトライブの権利

トライバルセンターで、トライブの最高責任者であるマイケル・ピーターズさんからご挨拶をいただきました。このセンターでは175名が働いているとのことです。

その後、ラッセル（ラス）・ヘップファーさんとロバート・エロフソンさんにお話をお聞きしました。ラスさんはトライブ議会の副議長です。ロバートさんはトライブの自然資源局の川の再生の責任者で、ダム撤去から川を再生させるプロジェクトの中心人物です。

ラッセル（ラス）・ヘップファーさん
トライブ議会副議長

◆7世代先を考えて生きる

ラス・ヘップファーです。みなさんにハグをさせていただくところから始めたいと思います。（一人一人とハグ）

私はこういうやり方が好きです。どこから始めたらよいでしょう。

小さい頃、私自身も政府から良くない扱いを受けてきました。「土地を連邦政府から取り返して、日本に売れば良い扱いをされるかもしれない」と、トライブのリーダーだった母と話していましたが、そんなことはなかったのだなと、今わかりました。（笑）

みなさんを喜んで歓迎します。みなさんをお迎えできることは光栄です。私たちのところに来ていただき、ありがとうございます。

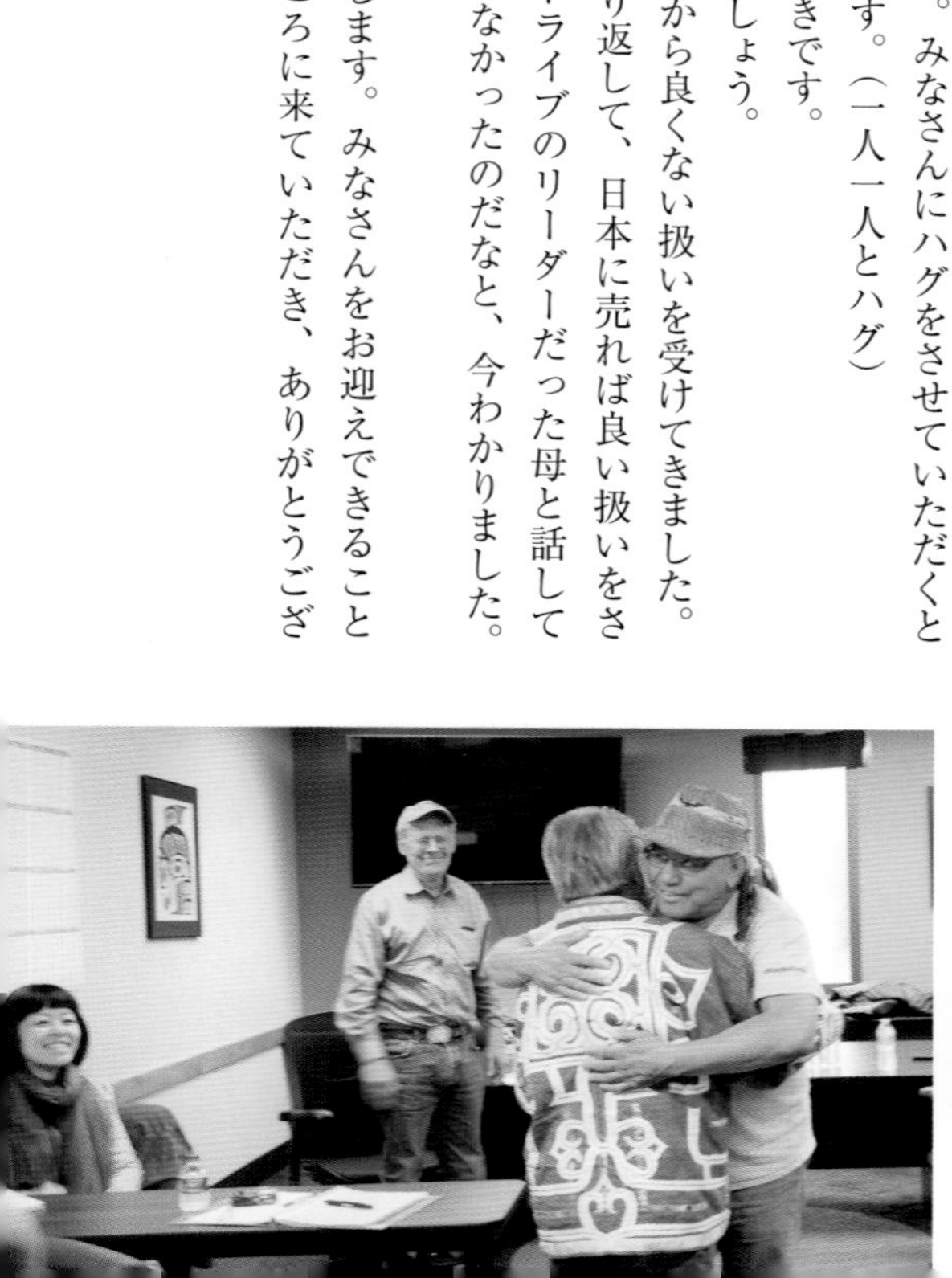

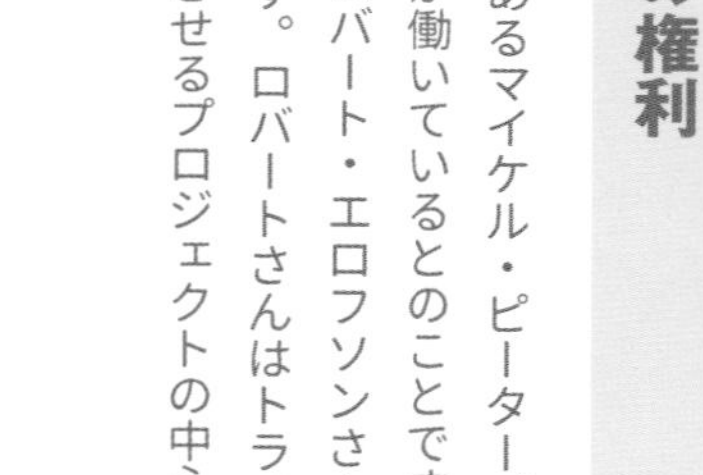

私たちは**闘いを始めてから約100年かけて、ダムを撤去**することができました。

1855年、私のトライブは他のトライブとともに、連邦政府と条約を結びました。ポイントノーポイント条約といいます。

私たちの先祖は、「**7世代先のことを考えて生きる**」と言っていました。私の息子は今10歳なので、条約のときからは7世代目にあたると思います。私たち自身は、この土地に対してあまり良い仕事をしてこなかったと思うので、今、一生懸命、次の7世代のために仕事をしているところです。

生まれたのは1956年で、今、61歳です。アメリカ市民権を先住民がとることができた年です。つい最近のことです。その年を境に先住民は投票権も得ました。とても重要な歴史の出来事です。

マカから東に数十マイルのこのあたりのすべてが、私たちの領土でした。

私たちは全体で33の村を持っていましたが、そのうちの5つの村は現在、カナダになっています。アメリカ連邦政府とカナダ政府は、私たちのトライブを分断してしまったのです。

◆魚道のないダム建設

エルワダムは1911~12年に建てられたものですが、最初のダムは決壊して、村が洪水に見舞われました。魚が川からあふれ出てダメになり、長老の一人がバケツで魚を川に戻して助けていたという話もあります。

エルワ川のダムは、電力供給のためにオリンピック半島北部で初めて建てられたもので、主にポートアンジェルスの街と企業に電力供給するためのダムでした。

ワシントン州の法律では、ダムを建てる際には魚がのぼれる魚道を作らなければいけないという決まりがありました。魚道のないダムは違法でした。

しかし、このダムの場合は、魚道の代わりに河口にふ化場を建てたということで、魚道無しで造られてしまいます。その結果、サケは、ダムから110キロ上流の本来の生息地へ行くことができなくなりました。

ダムができる前の話ですが、白人はキングサーモンを、「幻のサケ」と呼んでいました。100ポンド（約45キロ）以上にもなる大きなものがいたと言われています。白人は「幻の」と言いますが、クラマムの人にとっては幻ではなく、そこに生きるサーモンの姿そのものでした。その大きさは、頭を肩にかつぐと尾が地面についてしまうほどでした。

◆ダム撤去はトライブの権利

アメリカ連邦政府は電力規制委員会によって、ダムの発電許可を管理していました。私たちクラマムは、「強い人々」として、発電許可を出させないように動きました。私たちのトライブの名前、ローワーエルワクラマムとは、「強い人々」という意味なのです。そして、安全性に問題のある危険なダムを運転させないよう介入したのです。

また、条約上の権利も主張しました。私たちトライブは、サーモンも貝類もすべて含んだ、川の共同管理者であると主張したのです。地域の人々や政府を、ダム撤去の支援に動かすために、約100年もの歳月を費やしました。

そんなにも長い歳月がかかったのですが、世界で最も大規模と言われたダムの撤去には、たった2年間しかかかりませんでした。頭の良い科学者たちは、サケが川に戻るには5～20年かかると言いましたが、撤去の翌年には帰ってきました。

この辺では、「大きいものを建てると人が寄ってくる」と言いますが、ここで実現したのは、「大きいものを壊せば人が寄ってくる」ということです。

◆クラフム——強い人々

エルワの人々はクリエーター（創造主）によって創られました。東と西にある穴から創られた人々です。私たちはそこで、ハンター、漁師、草木を集める人など、一人一人がどう生きるか決められました。私たちがどのように生きていくかはそこで決められたのです。

「ポトラッチ」という、何千年にもわたる伝統があります。食べ物に感謝して、ロングハウスで集りを持つのです。いくつもの家族が大きなロングハウスで共同生活をしています。大黒柱には大きなシダー（針葉樹の樹木）が使われます。

ある日のことです。大きなロングハウスを建てていたのですが、だれが大きなシダーの丸太を屋根の高いところまで持ち上げることができるかを、競うことになりました。いろいろな部族の強い人たちが挑みました。でも、だれもうまくできませんでした。そしてエルワの番が来ました。彼らは何人かで木をころがして川に入れて、木を浮かせてから、肩の上にのせて持ち上げました。そして、上まで持っていくことに成功したのです。

そのとき、周りの人々が「クラフム！　クラフム！　クラフム！」と叫びました。だから私たちの名前は、クラフム＝強い人々となったのです。

次にお話するロバートさんは、科学者として、長年、川の再生に力を尽くしてくださっている方です。トライブメンバーであり、尊敬されている年長者の一人です。

◆科学者としてトライブのために

ロバート・エロフソンといいます。

１９７６年、ワシントン州西部の大学で物理学と生物学を専攻して卒業しました。

クラフムはワシントン州によって漁業権すら与えられていませんでした。私は、実際、魚

ロバート・エロフソンさん
自然資源局河川再生課課長

を勝手に獲っていましたけど…。こっそり隠れて、見えない場所で魚を獲っていました。川で魚を獲ろうとしたら、すぐさま州警察がやってきました。

1974年にボルト判決が出たとき、私は学生でした。会議が予定されていたのですが、ビリーが牢屋にいたので、結局開催されなかったことを覚えています。

私は卒業してから、ローワーエルワの自然資源局で働き始めました。3つのクラランが一緒に結んだポイントノーポイント条約を回復させるために、ここで唯一の常任職員として働き始めました。

まず私がしたのは、ダムの安全性に関する構造許可の仕事でした。当時は耐震基準がマグニチュード6.5だったものを、8.5まで規定を引き上げました。

次に、魚道確保の仕事をしました。その頃、1990年代初頭のことですが、**環境保護は、ダム運営の要素としては会社側からは全くと言っていいほど考慮されていませんでした**。次第に私たちの努力が実って、**自然環境について考えるのが重要である**、というふうに変化していきました。

私が取り組んだ大きな課題は2つありました。

1つ目は、**20年の間に川を再生させること**でした。最も重要な優先課題です。川の再生はトライブ自らが成し遂げました。トライブ議会が一丸となって取り組みました。

私たちトライブは、すべての人々が精神的なつながりを川に持っています。ここを訪れたある記者に、「川と心のつながりがある人に会いたい」と言われたとき、私は「トライブの人みんながそうだ」、と答えたことを覚えています。

2つ目は、自然資源局での仕事です。エルワ川の主流だけではなく支流も含めて、ここでは水流保護を進んで管理してきました。これらの取り組みは高く評価され、ワシントン州からも評価されています。

◆先祖の遺骨360体を掘り戻す——先祖の眠りを妨げないために

ラス：みなさんがやってこられた遺骨返還の活動がありますが、私たちも同じように遺骨の返還について運動してきました。

『グレイブ インダック』というプロジェクトがあります。

約5ヘクタールのプールのようなものがポートアンジェルスにあり、そこに橋を作るためにコンクリートでできたアンカーのようなものを投入する工事中に、トライブの人の遺骨が発見されたのです。

先祖の遺骨を掘りながら考えました。工業地域なので、工事のたびに、先祖の骨が何度も掘り起こされたり、眠りを妨げられたりする恐れがあります。それならば、むしろ自分たちで掘り起こして、静かなところに連れて行ってあげようと考えたのです。

私が子どものころにも、同じように、工事現場からトライブの人たちの遺骨が出てくることがありました。しかしその当時、先祖たちは、「墓に近づくな」「放っておくように」と言っていました。

工事現場では、先祖たちの遺骨が次々に見つかりました。本当に次々に。

1990年に成立した「アメリカ先住民の墓地の保護と遺骨等の返還に関する法律（NAGPRA）」よりも前の話です。その当時、私たちの手で、完全に形が残っている360体を発掘してきました。中には2500年以上前の墓もありました。

ロバート：それは米国で最古のお墓でした。その土地は、1920年からだれも住んでいなかったので、それまで発見されずにきたのです。

ラス：私たちは「クララム」ですから、そのような形で先祖が葬られていてはいけないと思いました。新たに先祖の遺骨を動かして、保護しようと決めました。ワシントン州に対して起こした裁判は数年かかりましたが、勝訴して遺骨を取り戻すことができました。

みなさんがたどった遺骨返還の物語と、私たちの遺骨返還、再埋葬の経験は同じです。そしてまた、あなたがたも私たちと同じ、サケを食べる人々だと聞き、みなさんは私たちの兄弟姉妹だと思います。

このあとは伝統的なホットドックを、トライブの年長者の方たちと一緒に食べていただきたいと思います。その後、上流にあるダムの跡地を見に行きます。

ダムは英語でDamと書きますね。なので私たちは、「Damn Dam（いまいましいダムめ！）」と呼んでいました。（笑）

◆漁業権を回復するために必要なこと

チャールズ：アイヌの人々は、これから漁業権を回復するために周りを説得する作業が目の前にあります。ローワーエルワも、ポートアンジェルスの人々の支援を得るために大変な努力をしなければなりませんでしたよね。大変な努力で、世論を説得してきました。詳細を教えてください。

ロバート：私たちのバックには、とても強力な大きな環境団体がありました。日本ではどうでしょう。日本に支援してくれるような環境団体がなくても、世界の環境団体の力を借りてはいかがでしょうか。また、私たちには条約の力もありました。その基盤がないのが、アイヌの方々には難しいですね。

ラス：私たちがやってきたことを単純にお話するならば、**一番の味方は誰なのか**を、注意深く見ることが大切です。

私たちの場合は、趣味で釣り（スポーツフィッシング）をする人々が一番の味方となってくれました。彼らは本当に釣りをしたくてやってくる人々でしたから。

ビリー・フランク・ジュニアは、「**あなたの物語を伝えなさい**」と言い続けました。それを**諦めないで続けること**だと思います。少しずつ、あなたの側についてくれる人々が出てきます。**あなたがたの物語を伝え続けること**です。現代にはSNSもあります。

ワシントン州を訴える時も大変な努力が必要でした。反対する長老もいたのですが、彼らを説得するのも大変でした。私たちには条約に基づいた権利と市民権もあるし、共同管理権もあります。そういうものを道具としていろんなことを学ぶことができます。

◆条約がなくても闘うカナダ・アラスカ

ラス：私たちには条約があります。しかし、アラスカの先住民や私たちのカナダ側の家族は、条約がない中で、漁業権を求めて強力に闘っています。

チャールズ：本当に忘れないでいただきたいのは、**今はベストな科学者、弁護士、仲間たちがいると言うけれど、初めからいたわけではありません**。初めは**世論のサポートもありませんでした**。**条約も全く無視**されていました。**半世紀かけて勝ち取ったもの**です。その頃はこんな立派なビルも、部屋も、なかったのです。

カナダやアラスカの人々が条約がない状況で闘っているというのは、とても勇気づけられる話です。だからこそ強調したいのは、ビリー・フランクの「ただ、あなたがたの物語を伝え続けなさい」という言葉です。

似通った要素があることを忘れないでください。

ラス：私の言葉で「エナッチ・イーテム！」。さあ、食べましょう！

右からラスさん、ジャネットさん、殿平さん、差間正樹さん。手にしているのは手作りのパドルと太鼓

訪問者一人一人に
プレゼントされた
カヌー用のパドル

ダムを撤去したエルワ川——グラインズキャニオンダム跡地

ランチのあと、ロバートさんとラスさんに、エルワ川上流のグラインズキャニオンダム跡地に案内していただきました。

グラインズキャニオンダムは、河口から21キロのところにあります。ダム堤体から、水がなくなった湖底の景色を見晴らしました。

◆どのようにダムを壊したか

ロバート：このダムは1927年に2つ目に造られたダムです。

最初に撤去し始めた頃は、採掘機ハンマーで水を使って砕いていたのですが、固くて時間がかかりすぎたので、15メートルまでいった後は、最終的には爆発させて壊しました。

途中で水質保護のために1年間撤去工事を中断しなければなりませんでした。最終的には、まず、歯型みたいに下の方に穴を開けて下から水が通るようにしました。

そのあと、今度は上を崩してさらに低くして水を流すということを繰り返しながら、徐々に壊していったのです。

チャールズ：このダムは、他の低いダムと違って、岩を削って造ったダムです。ですから、ダムの周りを先に削って、そこから水を迂回させて流すことができなかったのです。それで、ダムを少しずつ崩しながら水を流していったのです。

②

①

① はるかオリンピック山脈から流れるエルワ川。水が抜かれたかつての湖底が平原のように広がり、そこに植物が茂り始めています。
② 壊され途切れたダム堤体。壊されたダムの残骸が見えます。
③ エルワ川の水は、今はさえぎられることなく、急峻な渓谷へと流れていきます。

③

ロバート：このダムは高さが64メートルありました。下流のエルワダムは、その半分くらいの高さでした。

まず水を少しずつ抜いていく作業をしたのです。ダムの堆積物も自然に流れるようにしていきました。それがどこに行ったかというのは、これから見てもらいます。

◆戻りつつあるサーモン

今年の夏、ここから23キロ上流でサーモンの遡上を確認することができました。河口から、43キロの地点です。

大学生の頃、「エルワ川は本当に綺麗な川だな、この川のサーモンを食べたいな」と思ったことがありました。それは、この43キロの地点でした。ダムを撤去した後に、ちょうどその場所でサーモンを見つけたということなのです。

今は、よくそこまでハイキングに行って、1匹釣って食べていますよ（笑）

エルワ川の河口――取り戻した広大な土地と生きものと笑顔

ローワーエルワクララムでの滞在はわずか一日だったので、下流にあるエルワダムを見る余裕はありませんでした。次に私たちが向かったのはエルワ川の河口です。

◆ダムの堆積物のゆくえ

ロバート：私たちが今立っている、植物が生えているこの場所は、ダムがあったときの海岸線です。それ以外のここからすべての砂浜の部分は、すべて流れてきた堆積物でできた浜辺です。

ダムを壊した時、河口はこの近くにありましたが、今は新しい河口が向こうにできています（ここから800メートル）。

チャールズ：河口に関してもう少し野生動物にどのような利点があるのか説明してくれますか？より大きなシステムの中で、どのように重要ですか？

ロバート：河口が生きものにとってなぜ大切かというと、海水と淡水が混ざる場所、つまり汽水域だからです。サーモンは川と海を移動するときに、汽水域で体を適応させることができます。

エルワ川には２つのふ化場があります。ダムが

ダムから流れてきた堆積物でできた新しい砂浜

あった頃は、トライブの人たちが運営していたふ化場のサーモンの回帰率は1％、州のふ化場の回帰率は0.5％でした。これに対して、健康な川*の平均の回帰率は3～8％です。

私たちは、この差の理由は、エルワ川ではダムのせいで、堆積物の流出がなかったためだと考えています。ダムがあった頃は、川がとても透き通っていたので、捕食者にとって稚魚を見つけやすい環境でした。ですから、ダム撤去による樹木や枝などの堆積物の流出は、稚魚の助けとなりました。

◆ダムによって失なわれていたもの——砂に生きるカニや貝類

ダムが建設される前は、この一帯は海ではなく、平地や丘で、東のポートアンジェルスの市街地まで見渡すことができました。ところがダムができてからは（上流からの土砂が流れてこなくなり）、土地や丘があったところに水がどんどん迫ってきてしまったのです。

ダムがあったころの景色がどうだったかというと、今、丘が見えるはるか先まで浅瀬の海が続き、水深は10メートルほどありました。私たちが今いるこの辺の海岸線や川の中は、岩や石ばかりで、砂は全くありませんで

［コラム］

ダム底の堆積物は…？

グラインズキャニオンダムの撤去跡地を訪れた私たちは、ダムの底にたまっていたはずのヘドロがどうなったのか気になっていました。日本では1991年、黒部川の出《だ》し平《だいら》ダムの排砂放流がおこなわれたとき、ダム底に積もっていた有機物などがヘドロとなって海に流れ、海苔養殖等への被害を発生させたからです。

しかし、案内をしてくださったロバートさんは、「ヘドロはどうなりましたか？」という私たちの質問に対して「？」と、質問が理解できないようでした。後でわかったのですが、グラインズキャニオンダムとエルワダムの底に溜まっていたのはヘドロではなく、非常に細かい砂粒だったのです。おそらくオリンピック山脈の氷河から流れてくる冷たい水のせいではないでしょうか。

した。魚介類もいませんでした。少し先に行けばウニはいたかもしれませんが、ここにはほとんどいませんでした。

地形分析学者や水理学者たちは、ダムができる前は砂浜が育つプロセスにあった、と言っていました。私たちは今、そのプロセスを再び復興しているところです。

河口には砂とか砂利がつきもので、それがなければ貝もカニも生きることができません。カニやハマグリなどがどれだけ砂が必要か、みなさんもよく知っていると思います。カニは砂の中に隠れて捕食者から逃れるので、砂がとても大切です。

◆ダム撤去でよみがえったもの——多様な魚・小鳥・ワシ・カモメ…そして笑顔

エルワ川はここから0.8キロくらい向こうにあります。この地域は、ファンデフカ海峡の対岸のカナダまでの距離が、一番、狭いところになります。カナダまで一番広いところはビクトリアからポートアンジェルスまでで、29キロくらいです。平均して18キロくらいの距離があります。

ダムが撤去されてから、このあたりに本当にたくさんの野生動物が戻っています。多くの種類の魚、例えばししゃもなどが帰ってきています。鳥、ワシやカモメも帰ってきました。ワシは12羽くらいしかいなかったのが、50～１００羽くらいが棲むようになりました。今、

＊健康な川では、上流から流れる樹木や枝、木の根などが積み重なり、魚に生息場所を提供します。

ツバメがたくさん飛んでいますが、前はツバメも全く見られませんでした。

エルワ川復元のドキュメンタリー映画の撮影のために、ダム撤去前から2年半通っていた人がいました。ダムの撤去後、また来た彼に、「ロバートさん、ニコニコ笑ってばっかりだね」って言われましたけれど、その通りです。

このあたりの河口がどういう様子になるか——予想はついていたのですが、本当にこれが起こっているんだということを目の前で見るということは、美しく、印象深くて、それくらい嬉しいことでした。

ダムの撤去の結果、川が道路を何本も埋めてしまうくらい、すごい勢いで戻っていきました。すごいプロセスでした。

——たった5年の間に、驚くべきことですね。

ロバート：流れ着いた堆積物はほとんど上流の方のダムからきたものでしたから、ここの風景がこのようにできあがったのは、3～4年前からです。

◆取り戻した広大な土地

ラス：今、みなさんが立っているところは、海だったのですよ。

私は商業用のウニ獲りだったのですが、その頃には、そっちの水があるあたりまで潜っていたんです。水深が7.5メートルくらいあったのです。

ダムを撤去してから、広大なエリアを取り戻すことができました。その面積は、40万平方メートルくらいになると思います。

ロバート：流れ着いた砂がどれくらいの量かというと、400万トンほどという数字があります。海流の関係で、ほとんどは東側に流れているそうですが、西にも少し流れています。

ラス：技術的な用語を使って言えば、「すごいたくさん」ですね（笑）

ロバートさんの説明している場所が、ダムがあったときの海岸線。その左は浅瀬の海だった。ダム撤去から3～4年間で砂浜が形成され、植物も茂り始めていた。

——ダム撤去は、トライブの漁業にどのような影響を与えましたか？

ロバート：泥の蓄積の問題と水質の問題を考慮して、すべてのトライブの漁業を5年間停止することを決定しました。さらにあと2年延期することを決定したので、２０１９年3月まで一切の漁業を禁止している状態です。その後、再び調査をしてから、漁業を再開するかどうかを決めます。

ですから、川の復旧のために、今は漁業をやめているところです。

◆私たちはサーモンがあって初めて自分自身を取り戻す

——ダム撤去によってこういった変化が起きていますが、クララムの人の生活に何かしらの影響はあるのでしょうか？　また人々の心の変化があるのでしょうか？

ラス：創造の物語をお話ししたと思いますが、**私たちの文化を再び呼び起こすことに、必ずつながっている**と言えると思います。

１つは、若い人たちが自らの言語を習得するようになってきています。私自身は流暢な話者ではないけど、若い世代は流暢に話します。

社会的な変化については、個人的にはまだ見ることができていません。やはり、まだ漁業ができていないからです。漁業は儀式のための大きな部分ですし、私たちの生活、何を食べるかという意味でも大きなことですから、漁業ができていない段階では、そういった変化はまだ見ることができていません。

でも、私たちの文化を呼び覚ますことにつながると思います。

――ダム撤去は、クララムの人々が団結する機会となったと言えますか？

ラス：というよりも、前から団結はしていました。私たちは、クララムの3つの部族のうちの1つですが、東部はジェイムスタウンスクララムだし、西はポートギャンブルスクララムですが、もともと私たちは1つのトライブとして団結しています。

この地域に限っていうと、団結は強くなったと言えると思います。川に関するいろいろな活動が行われているからです。

漁が再開できるようになれば、さらに私たちの団結は強まるでしょう。

私たちには、サーモンが大事な要素です。サーモンがあって初めて、私たちが自分自身を取り戻すことができます。

◆環境保護のリーダーとして

ラス：この地域の環境を保護し、さらに改善するために、私たちは大きな役割を果たしています。しかし、私たちの地域の外で行われている環境破壊は計り知れないものです。この地域の一部で改善復旧されても、周りの破壊が大きいので、周囲の人々と一緒に歩んでいく必要があります。

ロバート：もうひとつ、トライブがどういう役割を果たして、トライブに何が起きているのかについて、言いたいことがあります。

私たちが川の復旧のために積極的な役割を果たしてきたおかげで、そしてまた、再埋葬で快挙を成し遂げてきたおかげで、連邦政府や州政府との会議では、対等な立場で席に着いています。私たちトライブに対する尊敬が、大きくなってきていることを感じます。

ラス：自然保護のための新たなルールを、トライブの側から作り出してきました。誰もできないと思っていたことをしてきました。私たちは、環境保護にとって大事な役割を果たしています。

しかし現在、私たちが心配しているのは、海峡を行き来する大きなタンカー、石炭や石油を中国などに運ぶタンカーです。今後、行き来がますます増える中で、衝突事故や電源喪失のために石油などが砂浜に漂着することなどを懸念しています。そのような事故が起きたときのための準備ができていないからです。

今はこんなにきれいな風景がありますが…。

ロバート：エルワ川復旧のためにエルワトライブが率先して努力したおかげで、ホコ川やダンジャネス川も同時に復旧することができました。

大事な役割を果たしてきたことを、本当に誇りに思っています。

ラス：海岸沿いの130キロくらいの、すべての生態系の復旧に努力をしてきたということです。

◆土地の半分は川に返してあげる

ロバート：河口の入り組んでいるところは、毎年のように劇的に変わります。水があり、池のようになっている場所も、堤防からこちら側の風景は変わり続けるでしょう。草が生い茂っている場所は、さらに深い植物が生える場所になると期待してます。

ラス：みなさんは、ローワーエルワクララムトライブのリザベーションに立っています。ここの海辺だけでも1.2平方キロメートルくらい、リザベーション全体では2.8～3.2平方キロメートルくらいの土地があります。

私たちの文化にとって重要な創造の物語で、大切なことをもう一度お話します。**川は、私たちに命を与えてくれました。**だから、**川の生態系を回復するために、川がどこでも好きなところを流れることができるように、川に土地の半分を返してあげた**のです。

土地は私たち人間が一度も所有したことのないものです。**借りているもの**です。**それを返した**ということです。**この風景を見ながら次の7世代のために頑張るんだ**ということです。

だから私たちの話を聞いてくれる人には、誰にでも話をし続けます。ありがとうございます。

それではサーモンがあります。食べましょう。

ローワーエルワクララムの人々が、私たちを歓迎する唄やふくろうの唄などを歌い、子どもたちの踊りを見せてくれました。アイヌの伝統楽器ムックリの演奏もしました。

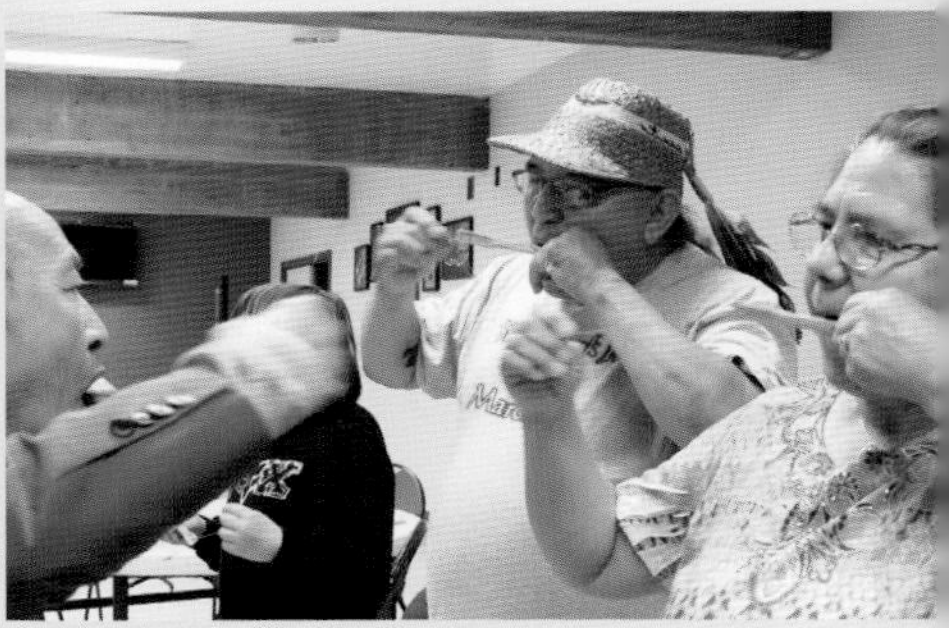

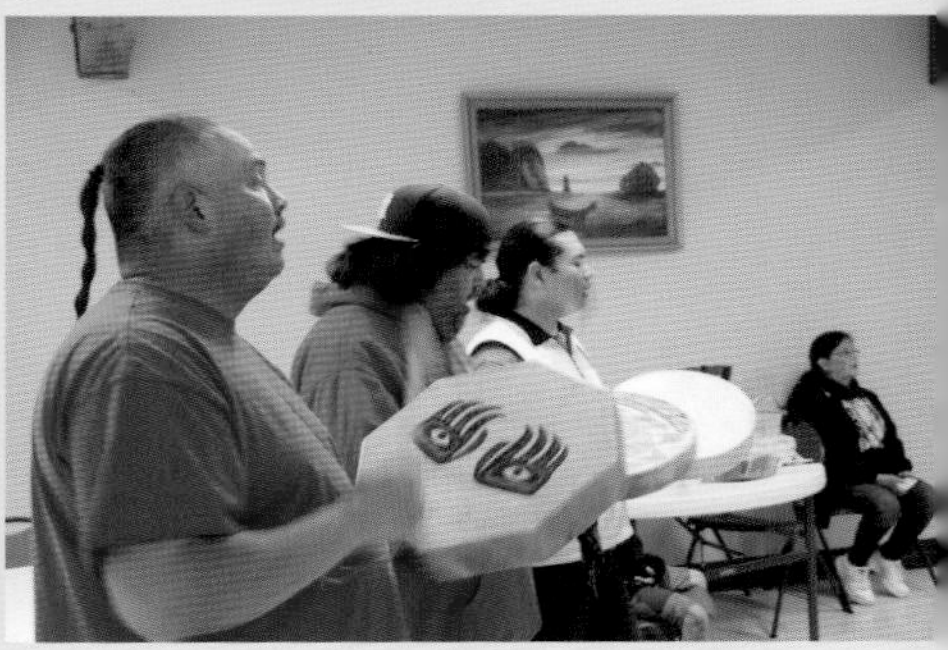

サーモンピープルを訪ねる旅を終えて

アメリカにサケ漁を生業とするインディアンの人々がいると聞いて企画した、北西アメリカのオリンピック半島への旅が終わりました。

旅で私たちが見たり聞いたりしたことは、北海道にいてはおよそ想像もつかないことばかりでした。

マカもローワーエルワクララムも、トライブの人たちは、地域で、地元の人間として、当然のようにそこで権利を行使しながら、そうであったらいいなというような形で暮らしていました。

この何日かの経験は、本当にうれしいというか、励みになっています。私たちも頑張れるぞ、と。

「トライブの漁業権」は、単なる言葉や主義としてではなく、現実に、トライブの人の漁船として存在し、トライブが管理する漁港として、そしてまた、サケや水産物の漁獲管理の仕組みとして存在していました。

トライブの権利は、トライブの漁師として、トライブの研究者として、そして大切な長老や子どもたちの姿をとおして、私たちの目の前に姿を見せてくれたのです。

彼らは、自分たちがもともと持っている権利に基づいてダムを壊し、川の本来の自然な流れを取り戻すという、壮大な事業に取り組んできています。

北海道の川も、かつては川面が真っ黒になるほどサケがのぼっ

トドマツの幹をくり抜いて作った丸木舟（2020 年）

ていたと言います。アイヌの先祖は、サケを獲り、サケを食べ、サケと共に生きていました。明治になってサケを獲ることを禁止されても、違法とわかっていても、密漁を繰り返したアイヌの人々も多いのです。

今はどの川もダムだらけで、サケが自然産卵する場所がありません。たとえのぼっても、ふ化増殖事業で一網打尽にされています。

北海道の川も、たくさんのサケがのぼって自然産卵できる川が増えると、どんなにうれしいことでしょうか。

ありえないことを次々に実現させてきた彼らは、トライブとその先祖に誇りをもって生きています。だから明るく、生き生きとして、心底、優しい人々でした。

どこに行っても、私たちを自らの兄弟として、心からあたたかく迎え入れ、ハグしてくれました。

私たちアイヌがサケを獲る権利を取り戻したいという気持ちを心から理解し、その解決に役立つようにと、自分たちの経験を話してくれました。

長い間の同化政策によって、知らず知らずのうちに、アイヌとしての暮しも、言葉も、文化も、時として誇りさえも失いつつあった私たちに、自分たちもこうありたい、こう目指したい、と思わせてくれた旅でした。

2020年9月20日
ラポロアイヌネイションは浦幌十勝川で初めてサケを獲り、アシリチェプ・ノミ（新しいサケを迎える伝統儀式）をおこなった。
丸木舟も初めて手作りした。
儀式用のサケ捕獲は、北海道知事の許可を得て例外的に認められるが、目的・用途・数量など厳しい制約がある。

自分たちも川でサケを獲りたい
自分たちの川を取り戻したい
自分たちの自立した社会と豊かな暮らしの仕組みをもちたい
そして、いつの日か、自分たちの物語を語れるようになりたい
私たちも、いつも7世代先を考えて歩みたい

最後に、こんなにも素晴らしい旅をコーディネイトし、つきっきりでガイドしてくださったチャールズ先生、ありがとうございました。

チャールズ先生は、故ビリー・フランク・ジュニアさんとも親交が深く、インディアン法の権威というだけでなく、オリンピック半島のトライブの人たちとの信頼関係がとても厚い方だということが、このツアーで本当によくわかりました。

私たちアイヌのためにご尽力いただいたことに、心より感謝しています。

同じように、私たちにつきっきりで、素晴らしい通訳をしてくださった殿平有子さんにも、心からのお礼をいいたいと思います。

ラポロアイヌネイション
差間正樹
差間啓全

第2章

［講演］

基本的かつ普遍的に認められる先住民の主権について

先住民にサケを獲る権利はあるか?

—アメリカにおける先住民の主権とサケ捕獲権—

The Sovereignty and Fishing Rights of Native Peoples under American Law

チャールズ・ウィルキンソン
コロラド大学ロースクール教授

と　き	2016年7月30日（土）
と こ ろ	札幌市教育文化会館
日本語通訳	ジェフリー・ゲーマン Jeffry Gayman（北海道大学教授）
共　催	北大開示文書研究会／コタンの会／日本平和学会北海道・東北地区研究会
後　援	在札幌米国総領事館

Charles F. Wilkinson チャールズ・ウィルキンソン
1963年、デニソン大学卒業。スタンフォード大学ロースクール卒業。アリゾナ州フェニックス、カリフォルニア州サンフランシスコでの法律事務所勤務の後、1971年「ネイティブ・アメリカン・ライツ・ファンド（アメリカ先住民権利基金）」（NARF）専属弁護士となる。1975年からオレゴン大学ロースクール、ミシガン大学ロースクール、ミネソタ大学ロースクールを経て現職。専門はアメリカ西部の歴史と社会、インディアン法、公有地法、水法など。

先住民にサケを獲る権利はあるか？

基本的かつ普遍的に認められる先住民の主権について
～アメリカにおける先住民の主権とサケ捕獲権

チャールズ・ウィルキンソン（コロラド大学ロースクール教授）

みなさん、こんにちは。今日、ここに来ることができてとてもうれしく感じています。

私は自慢するタイプではありませんが、われながらナイスと思うのは、二度の日本旅行で二度とも北海道に来ていることです。アウトドア好きな友だちがいて、「日本に行くって？　あんなゴミゴミした国で仕事とはお気の毒」、とからかわれたので、「いや、おれが行くのは、日本は日本でもホッカイドーだよ」と言い返してやりました。

私は北海道が好きで、これまで大雪山に登りましたし、太平洋岸も日本海岸にも旅したことがあります。そしてこの札幌――山が近くて、大好きな街です。

市川守弘さん・利美さんのご夫妻は昔からの本当の親友で、我が家に来た時はいつも4人の息子たちを可愛がってくれます。今日はお招きありがとう。

それから札幌米国総領事館からお越しくださった3人のみなさんに、感謝を申し上げます。オバマ大統領もきっと評価してくれるでしょう。オバマ大統領（当時）は以前から先住民族の強力なサポーターでした。彼は大学院生のころ、先住民族出身の法学生たちのサークルに出入りしていたそうです。アメリカ先住民にとって、オバマ氏ほど頼りになる大統領はこれまでいませんでした。このことには後で触れます。

そして、今回お知り合いになったアイヌの友人のみなさんにも感謝します。昨日までの3日間、私を自宅に泊めて、深い話を聞かせてくださいました。生涯の記憶に残る体験でした。

私はこれまで45年間にわたって、自然資源をめぐる問題、また先住民族の権利に関する専門家として働いてきました。法律事務所に就職した駆け出しのころには、まさかこんなふうに北海道でみなさんと知識を分かち合う日がくるとは、思ってもみませんでした。それどころか、先住民族にこれほど心をつかまれることさえ想像していませんでした。

みなさんの前にはいま、大きな壁が立ちはだかっていますね。今日はこれから「先住民族の主権」をテーマに、私の知識や考え、国際社会における先住民族の人権拡大の動きなどについてお話しようと思います。

◆遺骨の返還は主権の行使

みなさんがこれから「アイヌの権利」を実現させるのに、どう運動し、どう政策に反映させていけばいいのか。このことを議論するのに、今はちょうど良いタイミングだと思います。というのも、現在はグローバル化、国際化が実現しているからです。いまアメリカのどのロースクールにも国際法専門の教官が必ずいて、国際的な規範に基づいて法議論ができる環境が整っています。アイヌの先住民族としての権利についても、国際的な観点で議論できるわけです。

しかも、今日の講演会を共催してくださった「コタンの会」*のみなさんは、ちょうど先週、大学からの遺骨返還を成し遂げられたばかりです。これまで先住権を踏みにじられてきたアイヌが、遺骨返還を通じてついに権利を行使し始めました。遺骨返還は、紛れもなく主権の行使です。主権者（日本政府）と主権者（アイヌコタン）の間のやりとりですからね。さきほど殿平さ

＊北海道大学との裁判上の和解に基づいて、杵臼コタンの墓地から盗掘された遺骨12体の返還を受ける団体として、２０１５年に結成された。現在は、日高地方のコタンの復活再生、先住権の回復を目指している。

日本語通訳／ジェフリー・ゲーマンさん

北海道大学大学院メディア・コミュニケーション研究院
および北海道大学大学院教育学院 教授
専門：民族・先住民族教育

んがごあいさつで話されたように、これはまさに「歴史的な瞬間」だったと思います。ここにおいてコタンは「主権を持つ団体」になったのです。

アイヌの主権を称えましょう。主権とはいったい何かを理解しましょう。一般のみなさんがどうしたらアイヌの主権をサポートできるか、考えましょう。

世界の先住民族たちは主権をどう捉えているのか――まず、北米大陸北西海岸地域のインディアントライブの事例を、これから詳しくご紹介していきたいと思います。また2007年に採択された「先住民族の権利に関する国際連合宣言（UNDRIP）」についても説明します。私のお話が、みなさんのお役に立てばと思います。

◆トライブの主権とは？

これからお話するのは、おもにアメリカ北西部ワシントン州ピュージェット湾周辺に位置する、20のインディアントライブのことです。「主権」について主流となっている解釈は、時系列的にそれを捉える、というものです。米国北西部地方のこれらのインディアントライブの場合だと、彼らの祖先は約1万2000年前にこの場所に移住してきたことが分かっています。白人社会と接触するまで、彼らの主権はどんなだったか。

先住民族ではない人たちが、どんなふうに先住民族のことをみているかというと――今日ここにお集まりのみなさんのことではありませんよ

――、現代を生きる先住民族に対しても、原始的・野蛮・異教徒といった言葉で説明される場合が少なくありません。同じことを柔らかく言い換えた言葉もありますが、いずれにせよ、正しくありません。歴史を誤認しています。

たとえばピュージェット湾岸のトライブの人たちは、サーモンピープルと自称していますが、サケのほかにも多様な海産資源、シカ類や鳥類といった陸産資源を利用していました。長さ5メートルの河川用カヌー、10メートルの海洋カヌーを使い分けていました。いくつかのトライブではクジラ猟が盛んでした。10〜20人の漁師たちが海洋カヌーに乗って200〜300キロの沖合まで漕ぎ出し、体重2トンもの獲物を仕留めて、村に持ち帰ってきました。そんなカヌーが帰ってくるのを水平線上に認めると、村人たちは総出で出迎えの準備をします。村人たちは一人一人がそれぞれ担当の仕事を受け持っています。彼らはクジラのひとかけらたりとも無駄にしません。クジラの魂に感謝の歌を捧げ、肉・脂肪・皮・骨など、クジラの体のすべての部位をていねいに処理しました。

余談ですが、今回の北海道訪問で知り合ったアイヌのお一人も素晴らしいサケ漁師でした。ピュージェット湾岸に暮らすインディアントライブにとっても、太平洋を挟んで反対側に暮らすアイヌにとっても、サケが同じように重要な資源と位置づけられているんですね。どちらの人々にとってもサケは主食であ

コタンの会副代表の葛野次雄さんと話すチャールズさん、市川守弘弁護士

り、主要な交易品であり、信仰の対象であり、アーティストたちのモチーフであり続けてきました。北米北西海岸のトライブでは7種のサケ科魚類が利用されているのですが、このうち6種までをアイヌも利用していたとうかがってビックリしたんです。両者は本当によく似ていて、「姉妹集団」と呼んでもよいくらいだと思いました。

◆主権とは、サケ漁をコントロールすること、法律を作り、遵守すること…

さて、ピュージェット湾岸の「サケの民」たちのサケ漁はこんなふうです。沿岸に定置網を仕掛けておき、収獲の時には2～3隻のボートで網をたぐり寄せて、1日に1万5000尾ものサケを捕えます。

サケ漁はトライブの主権によってコントロールされていました。自然資源はじょうずに管理しないと持続的に利用できなくなるからです。ある一家が度を超してサケを獲り過ぎてしまった場合、トライブの古老は、ある種の歌を歌って乱獲が起きたことをみんなに知らせ、捕獲を控えるよう促します。

狩猟採集の場面だけではありません。だれかが盗みを働いたり、他人を傷つけてしまったりしたら、コミュニティ社会によって罰せられます。これは主権の発動です。

主権とは、法を作ること、それをみんなで遵守することなのです。やってはいけないことを（みんなで）定め、もしそれをする人がいたら（みんなで）戒めるということです。

人類学者と議論したことがありますが、こうした小規模社会では高い秩序が保たれていた、と考えられるそうです。1000人規模の社会なら、許されることと許されないことの区別や、違反した場合の罰則について、全員が同じように理解することは可能です。

例えば、トライブ内のトラブル解決にはこんな仕組みが設けられていました。特別なトレーニングを積んだ一族が、仲裁者・裁判官の役目を果たしていたのです。現代社会ではこのやり方は不可能かも知れませんが、小規模社会で、構成員同士がお互いに顔見知りであれば、有効な法的制度だったでしょう。同じように、特定の一族が代々リーダーシップをとるやり方は、裁判のほか、宗教や医療、スピリチュアルな癒しといった場面でもおこなわれました。これも主権です。

以上は対内的な主権でしたが、いっぽう、対外的な問題に精通した一族も、その役目を代々引き継いでいました。例えば、隣接する別のトライブの誰かが越境してきてシカを獲った、というような場合は、対外的な交渉に精通した古老の出番です。また、ティーンエイジャーはいつの時代、どんな社会でも無鉄砲なものですが、若者たちのトラブルを専門に解決する専門家、若者たちを教え諭す専門家もいたんです。

◆インディアントライブの主権についての画期的判決——マーシャル・トリロジー

ジョン・マーシャル（John Marshall、１７５５年—１８３５年）が最高の連邦最高裁長官だったとすることに、異を唱えるアメリカ人はいないでしょう。黎明期の連邦最高裁で、インディアントライブの主権について、後に「マーシャル・トリロジー（三大判決）」と呼ばれるようになる画期的な判決文を書いた人物です。

ひとつは、**ヨーロッパ人到来前のインディアントライブを、れっきとした国家（nation）であると認めたこと**です。

マーシャルのこの視点は、米国はもとより、英連邦の一員だったカナダやオーストラリア、ニュージーランドでもすぐに主流になりましたし、ほかの（植民地主義の）国々にも拡大して、近年の「先住民族の権利に関する国際連合宣言」でも踏襲されています。

各トライブに国家としての主権を認めたことで、連邦政府がトライブとの間で取り交わしたやりとりが、単に覚え書きにサインしたという程度ではなく、国際条約と同等の重要性を帯びることになりました。

２つ目は、先住民の土地所有に関するものです。マーシャルは、インディアンの土地に関する権限を認定し、**「先住民にはその場所に住み続ける権利があり、なんぴともその権利を侵害することは許されず、インディアンの土地を勝手に売買したりすることはできない」**と判じました。

その後米国では**ホームステッド法**（Homestead Act、１８６２年）をつくりました。入植後、一定の期間内に開墾したらその土地を無償でもらえる、という制度です。当然ながら、先住民がそこにいては邪魔になります。１８５０年代の連邦政府にとって、インディアントライブは人口面でも軍事面でも脅威でしたので、入植者に与える土地を確保するために、連邦政府は各トライブと交渉して条約を結ぶ必要に迫られました。細かな違いはありますが、多くの条約では**「先住民族は半分以上の土地を譲り渡す」**との約束が交わされました。連邦政府は代わりに残った土地を**「リザベーション reservation」と呼ぶ区画とし、トライブの人たちはその中に住む**、という条件です。

また北西海岸部のサーモンピープルは、**リザベーション内での完全なサケ捕獲権と、リザベーションの外部でも入植者と同等のサケ捕獲権を保有する**、という条件が条約に盛り込まれました。

こうした条約によって、それまで全部の土地や自然資源を独占的に支配していた各トライブは、リザベーション以外の土地を連邦政府にそっくり譲り渡すことになりました。ただサーモンピープルの場合は、リザベーション外でのサケの漁獲権をかろうじて保った、ということです。

そして３つ目は、**連邦政府はインディアンの保護者となる**、という判決です。この考え方はその後、連邦政府とインディアンの間には**「trust relationship（信託関係）」**があるとされ、連邦政府には入植者の侵略行為からリザベーションのトライブを守る義務がある、と発展していきました。

◆インディアンにとっての最悪の時代とアメリカインディアン運動

このように主権は認知されながらも、各トライブは連邦政府と条約を結んだことによって多くを喪失することになりました。それまで自由にサケを獲っていた場所から締め出され、入植者たちに漁網を破られたり、時には銃撃されるような事件さえ起きました。

入植者たちの欲望はとめどなく、それに応えるために、連邦政府は新たな土地分割制度として**ドーズ法**（Dawes Act、1887年）を導入します。トライブの保有するリザベーションを細かく分割し、その構成員たち個人を対象に1人当たり160エーカー（約64ヘクタール）ずつを譲渡する、という制度です。そうやってインディアンたち個人に分割譲渡し終えた後、リザベーション内に残った余剰地は入植者たちに開放されました。さらにインディアンが譲渡された160エーカーずつの土地すら、巧妙な横領によってじわじわと浸食されていきます。官吏自らが横領に手を染めたケースもありました。

平行して推進されたのが、**同化政策**です。「同化」と言うと聞こえはいいかも知れませんが、インディアン自身にとっては悲劇でした。伝統的なダンスや儀式は禁止。子どもたちは親から離れて寄宿学校に入れられました。長髪を切られ、伝統的な化粧を禁じられ、あらゆる文化は実践できなくさせられました。

それまで**北米大陸に存在しなかった病原体も入植者が持ち込み**ました。それらの病原体による伝染性疾病のせいで、1900年ごろまでに90％もの人口を失ったトライブもあります。

この後の二度の世界大戦を挟んで、1960年代まではインディアンにとって最悪の時代だったと言えるでしょう。かつてトライブが支配していた土地も漁場も、おおむね入植者に奪われました。貧困がはびこり、疫病のトラウマが人々の精神を蝕んでいました。幸い「なんとかしなければ」という気持ちだけは残っていて、それが**アメリカインディアン運動**（American Indian

Movement、AIM）につながっていきます。公民権運動・女性解放運動・環境運動などと並んで、アメリカ人が誇るべきムーブメントのひとつです。

アメリカインディアン運動は、アイヌをはじめ、世界の先住民族の復権にも役立つと思います。どん底の状態から始まって、各地のトライブを現在のレベルまで引き上げることに成功した事例だからです。もちろん、並々ならぬ努力が必要だったことは言うまでもありません。

1960年代、ワシントン州は「かつて各トライブと結んだ条約は（トライブが衰退・消滅した現在は）もう無効だ」と主張し始めます。インディアンであろうと、勝手にサケを獲ったら違法だ、というのです。ピュージェット湾岸ではインディアンの漁師が繰り返し警察に逮捕される事態に陥り、新聞沙汰にもなりました。

トライブは立ち上がり、デモ行進したり、州議会のビルの前に座り込んだりして抗議の声を上げました。何が起きているのかを市民に知らせるためのドキュメンタリー映画も制作されました。この映画は反響を呼び、続編も作られています。教会がスポンサーになって2冊の書籍が刊行され、トライブを支援するキャンペーンが繰りひろげられました。

ワシントン州から発した運動は、隣接するアイダホ・カリフォルニア・オレゴン各州にも広がり、各地の裁判所で「トライブとの間の条約は現在も有効」という判決が相次ぎました。条約にある通り、リザベーションの内外を問わず、サケの漁業権がトライブにあることが再確認されました。

◆〝信託関係〟にある連邦政府を味方に、漁獲量の50％の権利獲得

先ほどご説明したように、条約ではリザベーション外でのサケ漁業権は「入植者と同等」と約束されていました。しかし、1960年～70年代のこれらの裁判では、「同等」とはどういう

意味なのか、具体的な数字は示されませんでした。

そこでトライブ側は、例のマーシャル・トリロジーの3つめで触れた、「trust relationship（信託関係）」を持ち出して、連邦政府を自分たちの側に引きつける戦術をとります。連邦政府にはトライブを保護する義務がある、という理屈で、連邦政府に州政府への対抗策を求めたのです。アイヌに引きつけて言えば、北海道庁（の政策）に対抗するために、日本政府をアイヌの味方に引き入れるようなものです。最終的には、連邦政府の代理人が州政府を相手取って訴訟を提起しました。

この訴訟では、トライブに対する共感的な世論が醸成されました。先住民族ではない大勢の人たちがトライブ側のサポーターとなって、裁判闘争を支援しました。米国北西部の各河川は、非常に多くのサケが遡上することでよく知られていたので、サケを巡る裁判としても注目を集めました。

裁判を担当したボルト判事（George Hugo Boldt、1903年-1984年）がまた勇敢な人で、1974年のいわゆる**ボルト判決**（Boldt decision）で、条約にある**「入植者と同等」という条件のことを、はっきり「50％ずつ」と解釈**してみせました。この判決をきっかけに、サケに限らず、カキなどの貝類、トドやアザラシといった海獣類、オヒョウなどの魚類、カニなど高価な甲殻類も同様に、トライブが漁獲量の50％の権利を有する、という解釈が定着します。

◆先住民族の爆発的な権利拡大へ

交渉の中で「同等の権利」という表現で条約に盛り込まれた文言が、裁判でトライブ側に有利なように解釈されたことは大きな意味を持ちました。この判決によって、先住民族の権限が爆発的に拡大することになったからです。

●資源管理システムの構築

（サケなどの）資源管理をおこなうには、漁獲行為を規制する法律を制定する権利を持っていないと不可能です。法律を策定する委員会、紛争を解決する裁判所、違反を取り締まる警察官や、資源量をモニタリングするスタッフも必要です。この判決によって、トライブは一気にこれらのシステムを備えるまでに成長したのです。ピュージェット湾岸の各トライブはいま、連邦政府やワシントン州政府とともに、自然資源管理を共同で担っています。

現在、地球温暖化などにともなう環境問題が深刻化しているわけですが、環境保全運動では、いまやトライブが中心的な位置を占めています。トライブは過去何百年、何千年にもわたってサケなどの自然資源を持続的に利用してきました。これはサケの生態や個体数に関しての、詳細かつ正確な知識なしにはなしえないことです。トライブの人たちはサケをスピリチュアルな存在にまで高めてもいます。サケと人間のこうした関係性は一般社会にも影響を与え、アメリカ大統領でさえ関心を寄せざるを得なくなってきました。

●自前の役場・裁判所・病院・大学…

サケに始まったトライブの資源管理権は、いまではほかの魚介類にも拡大しています。おかげで、１９６０年代にはゼロだった資源管理部門の職員数は、近隣の郡役場のそれを上回って、ひとつのトライブあたり２００～３００人に達しています。資源管理に限らずトライブの主権にかかわる権限から自前の役場や裁判所も設置され、ほとんどのトライブが数人ずつの裁判官を置いています。病院が設立され、トライブの半分に学校があります。ピュージェット湾岸のトライブにとどまりません。全米で36のトライバル・カレッジが設立され、大半は大学院を併設しています。

●所有地の拡大

平行して、各トライブは驚異的に所有地を拡大させてきました。カジノを建設して資金を作り、入植者から土地を買い戻すというやり方です。1960年代以降、その面積は全米で合計1500万エーカー。北海道の島の75％にあたる面積です。これによって各トライブの所有面積は合わせて5600万エーカーに達しました。北海道の3.5倍に相当する広さです。

土地を買い戻すために、アメリカの先住民たちはカジノを作ったりして資金を作りましたが、アイヌも同じようにしたらどうか、だなんて私は言うつもりはありません。ただこんなアメリカ先住民も、今から50年前にはどん底の状態だった。そこから現在のように変わってきた、という歴史的な事実に、ぜひ注目いただきたいと思います。

このように各トライブは主権を取り戻しました。収益を上げ、土地を買い戻すことによって、トライブは自らを盛り返すことができました。そのきっかけとなった裁判を支えたのが、一般市民のサポートだった点も見逃せません。

◆強力な指針としての「先住民族の権利に関する国際連合宣言」（ＵＮＤＲＩＰ）

さて、北米北西岸地方のトライブの権利回復について解説して欲しいというのが、市川さん夫妻からのリクエストでした。ここから先は、付け加えて述べたいと思います。２００７年に採択された「先住民族の権利に関する国際連合宣言」（United Nations Declaration on the Rights of Indigenous Peoples、ＵＮＤＲＩＰ）とサケ漁獲権の関係についてです。

ＵＮＤＲＩＰが今後、米国や日本でどんな影響を発揮するかを予測するのは難しいのですが、私が思うに、どの国の先住民族にとっても、将来を左右する非常に重要な文書になるはずです。

１９７０年代後半のことですが、米国でトライブ支援の活動をしていた弁護士たちの間で、先住民の権利について、何らかの国際的な宣言が必要だという議論が起きました。そこにトライブのリーダーたちが加わり、１９６０年代から続くトライブの主権に関する議論を延長するかたちで、宣言策定の作業が始まりました。これは10年～15年ほどの間に国際的な動きとなり、米国以外の世界の先住民族たち同士に橋が架かります。

国際連合加盟の各国の思惑をもみほぐす作業が続き、ついに2007年、日本を含む多数の政府の署名によってUNDRIPとして採択されました。米国は署名しませんでしたが、2年遅れて2010年、オバマ大統領が署名しました。その時に彼が「(前任の)ブッシュはどうだったか知らないが、ぼくは大賛成!」と言ったとか言わなかったとか……(笑)。

じっさい、UNDRIPは優れた文書です。総括的かつ詳細で、非常に道徳的だし、力強く、説得的。いろんな状況を踏まえています。だれでもネットで読むことができます。

◆「グループ(トライブ)として行使できる権利の獲得」を目指して

カギとなる論点は「グループの権利 group rights」です。起草の当初から、先住民族の権利は「公民権運動の立場の人たちの主張するような〝個人の権利〟にとどめてはいけない」という要望がありました。個々人の権利とは別に、グループ(トライブ)として行使できる権利の獲得が目指されたのです。「**グループの権利**」は、自己決定権とか主権とか、「諸権利が束ねられたもの collective rights」と表現することもできます。いろんな解釈があり得ますが、これから読み上げる諸権利については誰しも異論ないところでしょう。UNDRIPは先住民族の個人および集団に対して、自己決定権、領土権、漁業権など自然資源に及ぶ権利、教育の権利、開発の権利、知的所有権、文化の権利、そして条約によって認められる権利のあることを宣言しています。

各国政府は法令や政府文書を作成する際に、このUNDRIPを遵守しなければならないと、私は思います。報道によるとどうやら日本政府はそうではないようですが、「UNDRIPに法的な拘束力はない」といった日本政府の保守的な論法は、私にはUNDRIPの趣旨をねじ曲げているとしか思えません。

確かに、UNDRIPには署名した各国に対する拘束力はありません。でもだからといって守らなくてもよいわけでは決してありません。「世界人権宣言」(Universal Declaration of Human Rights, UDHR)と同様、UNDRIPは各国に対する強力なガイドラインとして策定されたものだからです。

UNDRIPには個々の権利についての詳細な規定がない、という批判も聞かれます。でも私からすると、UNDRIPが挙げた諸権利には、わざと含みを持たせてあるのです。自己決定の権利＝主権が実現すれば、ほかのさまざまな権利も取り戻せることは明らかです。

「グループの権利」として「主権」や「自律」という概念は馴染まない、という人もいます。でもUNDRIPには「自己決定権」という言葉が何度も出てきます。UNDRIPは、世界各国の政府が今後、「自己決定権」を尊重しつつ、先住民族のトライブ政府(アイヌの場合はコタン政府)とどう向き合うべきか、方向性を示すものとして非常に重要な文書である、と私は考えています。UNDRIPが採択されて以降、世界中の裁判所がUNDRIPに言及するようになりました。

文化や教育の権利、また男女平等といった部分では、UNDRIPは実は一般的な原則を述べているに過ぎません。**UNDRIPの本質は「自己決定の権利」を明記したこと**にある、と私は思います。各国政府もそのように受け止めてくれたらと願っていますが……。これまた私見ですが、日本政府にはこの国連宣言を実現しようとする努力が足りないように見えます。

◆日本政府がアイヌに強いてきた〝歴史的不正義〟を埋め合わせるには

UNDRIPをアイヌに適用しようと思ったら、歴史を遡る必要があるでしょう。北海道の島は、すでに江戸時代から日本政府の管轄下にあったとも言えますが、それはアイヌとの交易に限られていたはずです。当時の政府(江戸幕府)は、「蝦夷のことは蝦夷任せ」の態度を取り、蝦夷地でのアイヌの自治を認めていましたし、当時の国際基準から見て、土地所有権はアイヌが有していました。和人（入植者）は居住することも開発することも認められませんでしたし、サケなどの自然資源も各コタンが思うままに利用・管理していたのです。

ところが1868年にスタートする明治政府はアイヌからそれを取りあげ、和人入植者に与えました。**明治政府は**そのさい、**アイヌの手にあった土地に対する権利や漁業に対する権利を保護するための条約すら結びませんでした**。19世紀末に北海道旧土人保護法を制定してアイヌに土地を「給与」しますが、実効性に乏しいものでした。

米国においても、インディアンの土地に入植者たちが侵入してどんどん開発をしました。ただ連邦政府は、各トライブとの間でインディアン保護のための条約を結んだため、それが入植や開発に対する一定の歯止めにはなりました。

アイヌは代々の住み場所から追いやられ、サケなどに対する漁業権も失いました。さっき市川弁護士が説明されたように、現在でも北海道知事の許可なしには、川を遡上してきたサケの1尾を捕獲することすら許されません。しかも、アイヌにサケ捕獲が許可されるのは、文化的・教育的な目的に必要と、知事が認めた場合に限られます。そうやって同化政策がどんどん加速するにともない、アイヌ差別が広がりました。現在、アイヌ（コタン）は実質的に土地を保有しておらず、漁業権も行使できない状況です。ただ個人としての地権者、漁業権者がいるだけです。

最後に、ではこれからどうすべきか、それを考えてみたいと思います。

日本政府はまず、犯してはならない不正義をアイヌに強いてきたことにきちんと向き合うべきです。その時（為政者や入植者などの）個人を批判するのではなく、**不正義を犯した歴史そのものを認める必要がある**でしょう。

私の父はジョージア州出身です。（人種差別の中心だったと言われる）ジョージア州では

（1960年代まで）民族隔離政策が採られていましたが、父がこのことで個人として批判されたことは一度もありません。人を批判するより、歴史を認めることが重要だと思います。

なぜ明治政府は（アイヌコタンとの間で）条約を結ばなかったのか、当時の経緯や責任のありかを追究する歴史学的な研究は、ほとんど行なわれていないようです。国際的には先住民族の権利が回復に向かうにつれ、こうした不正義の歴史を国家が認め、先住民に謝罪するケースが出てきています。国家が歴史を認め、謝罪があれば、それが次の活動に向けた出発点になるでしょう。

それはこれまで行なわれてきた歴史的な不正義を埋め合わせる、ということです。つい先ごろ、みなさんは大学から遺骨を元のコタンに返還させ、再埋葬を実現なさいましたね。これは、歴史的不正義を埋め合わせるための、道理にかなった行為だったと思います。

◆アイヌの目指すべき3つの領域

今回の遺骨返還の経緯をうかがって建設的だなと感心させられたのは、アイヌのみなさんが（和人に対して）「もし札幌でアイヌに和人の墓地を掘られたらどう思うんだ?」といったグロテスクな主張を一切なさらなかったことです。私にしたら、故郷のボルダー市の墓地からインディアンに白人の遺骨を掘り出されるようなもの。どんな場合にも墓地を掘り起こして遺骨を持ち出すような行為は許されない、という意識が共有されていたからだと思います。

まだ残されている遺骨の返還に向けた今後の活動は、大学や博物館などと協働しながら展開なさるべきでしょう。アイヌの協働的な精神や、祖先を敬う儀式を執りおこなう主権を損なわずに進めることが可能だと思います。

歴史的不正義を道義的に埋め合わせる、という場合、私はアイヌ民族には3つの領域があると思います。

第一は**漁業権**です。ボルト判決は、資源の50%を自由にする権利がインディアンにあるとしました。アイヌの場合にも50％がよいのかどうかは分かりませんが、米国や他の国々では漁業資源や水資源をめぐる権利について、すでに裁判所で審理がなされ、判決も出ています。

第二は**土地の返還**です。いまそこに住んでいる和人たちをいきなり追い出すことはできないでしょうが、国有林ならアイヌの手に戻すことは可能です。先週、２カ所のコタンをお訪ねしました。「昔は向こうの稜線からここまでが領土だった」と教えられ、地形からも境界線がはっきり分かりました。仮にそこが私有化されて植林地になっているとしても、土地を買い戻す資金を政府が拠出すれば、所有者も売却に応じるのではないでしょうか。

第三は**教育**です。アイヌの若者たちの多くが教育面での差別に苦しんできました。歴史的な立ち後れを取り戻すために、特別なアイヌ教育が必要だと思われます。不正義の歴史を踏まえたうえで、アイヌの子どもたちや若者たちが十分な学業を積み上げられるようにするのです。アイヌ教育に特化した委員会の設立や、先ほど述べたアメリカのトライバルカレッジ（大学）と同様、アイヌのための大学建設も視野に入ってくるでしょう。

最後に、日本政府と北海道庁に申し上げたい。かつてアイヌに対して、あってはならないようなひどいことをしてしまったことを、どうか認めて欲しいと思います。そしてこれからは、素晴らしい文化と美しい子どもたちを育むアイヌの発展に、尽くしてくださるよう望みます。これは十分に議論しなければならない課題です。みなさん、ありがとうございました。

第3章

アイヌ・サケ捕獲権確認請求訴訟

Ⅰ　訴　状

２０２０年８月17日
札幌地方裁判所　御中

原告訴訟代理人　弁護士　市川守弘
弁護士　毛利　節
弁護士　難波徹基
弁護士　木場知則
弁護士　今橋　直
弁護士　皆川洋美
弁護士　荒井　剛
弁護士　今　重一
弁護士　今　瞭美
弁護士　岡澤史人
弁護士　吉田翔太
弁護士　伊藤啓太
弁護士　猪原健弘
弁護士　斉藤道俊
弁護士　長谷川　亮
弁護士　山口耕司
弁護士　高畑哲也
弁護士　長岡麻寿恵

原　告　ラポロアイヌネイション
（旧名称　浦幌アイヌ協会）
代表者会長　長根弘喜

被　告　国
代表者法務大臣　三好雅子
行政処分庁
農林水産大臣　江藤　拓

被　告　北海道知事　鈴木直道

サケ捕獲権確認請求事件

請求の趣旨

1　原告が別紙漁業権目録記載の漁業権を有することを確認する

2　訴訟費用は被告らの負担とするとの判決を求める。

請求の原因

■はじめに

本件は、浦幌町内の唯一のアイヌ集団である原告が、浦幌十勝川河口部においてサケを捕獲する権利を有することの確認を求める訴えである。

明治になるまで、北海道、千島、カラフトに居住していたアイヌの各小集団（コタンと称されている）は、当該各集団の支配領域（イオルと称されていた）において、サケをはじめとする自然資源を独占的・排他的に使用し、利用していた。このうちサケは、アイヌにとって主要な食糧であるとともに、和人との交易品としても利用されており、重要な経済活動の資源でもあった。

明治6年、明治政府は現札幌市の主要な河川におけるサケの引き網漁を禁止し、明治11年に札幌郡におけるサケマス漁を一切禁止した。その後サケマスの捕獲の禁止が全道に広がり、明治30年には、自家用としてのサケマスの捕獲も禁止した。現在は、後記するように、国及び北海道によって河川におけるサケ漁について和人、アイヌに限らず、原則として禁止されている。原告は十勝川及び浦幌十勝川において一切のサケを捕獲することが禁止されている。アイヌに関する唯一の例外は文化的伝承等のために北海道知事の許可を受けて一定数のサケの捕獲が認められているにすぎない。

しかし、そもそも明治以降の日本政府によるアイヌ諸集団のサケ漁を禁止する合法的理由は現在に至るも全く明らかになっておらず、かえって違法と考えられている。少なくとも、アイヌ諸集団のサケ捕獲を禁止する各法令の合法的根拠は明らかにされていない。

アイヌの権利に関しては、札幌地裁平成5年（行ウ）第9号（いわゆる二風谷ダム事件）において、土地収用法20条3号の要件の検討の際に、ダム建設によって失われる利益・諸価値の一つとしてアイヌの文化享有権を認めたのが初めてである。判決によると、アイヌの文化享有権は、市民的及び政治的権利に関する国際規約（以下「ＩＣＣＰＲ」という。なお、日本では一般にＢ規約とも称されるが、ここではInternational Covenant on Civil and Political Rights の頭文字をとりＩＣＣＰＲということにする）27条及び憲法13条によって保障される、とされた。ただし、この文化享有権はＩＣＣＰＲの文言上（2条1項「すべての個人に対し」、26条「すべての者は」、27条「当該少数民族に属する者は」）個人の権利とされており、憲法13条も個人の権利を規定していると解されている。ちなみに最近では、ＩＣＣＰＲ27条は集団の文化享有権を含むとする学説も散見されるようになったが、法文上は個人の権利として規定されている。

本件では、原告に属する構成員のアイヌ個人の権利としてサケ捕獲権を求めるものではなく、アイヌの個々の集団の権利として、集団としての原告がサケ捕獲権を有することの確認を求めるものである。この集団の権利は、講学上「先住権」と称されている権利のことである。原告は、浦幌町に江戸時代から存在していた複数のコタンが自らの支配領域内において独占的・排他的に有していた漁猟権としてのサケ捕獲権を引き継いでいることを主張し、本件訴えを提起したものである。

■第一　当事者とサケ採捕の現状

1　当事者

〈原告について〉

原告は、北海道十勝郡浦幌町内に居住・就業するアイヌで構成される団体であり、現在の構成員のほとんどは浦幌町を流れる浦幌十勝川の左岸沿い及びその周辺に存在していた複数のコタン（アイヌ集団）の構成員の子孫である。浦幌十勝川下流域左岸周辺にかつて存在したコタンは、愛牛《あいうし》コタン、十勝太《とかちぶと》コタン、統太《とうぶと》コタン、ウラホロコタン、静内コタン、厚内コタンなどがあり、これらコタンのかつての構成員の子孫が原告の構成員となっている。なお、団体としては権利能力なき社団である（甲第一号証の1及び2・議事録別紙の議案書）。

原告の構成員の先祖は、明治政府によってサケ漁を禁止されるまで、それぞれ所属するコタンの各集団が浦幌十勝川においてサケをはじめとする水産資源を漁獲していたものである。

〈被告らについて〉

本件は、原告が十勝川河口地域の内水面においてサケ捕獲権を有することの確認を求めるものである。現在、原告が行うサケ捕獲は、水産資源保護法、漁業法、北海道内水面漁業調整規則によって禁止されている。右諸法令の所管処分庁は、農林水産大臣及び北海道知事である。

2　サケ捕獲の現状

(1)　法令上のサケ捕獲の規制

現行法上において、原告が浦幌十勝川においてサケを捕獲しようとする場合には、次の規制が存在する。

ア　水産資源保護法25条

漁業法8条3項に規定する内水面においては、遡河魚類のうちさけを捕獲してはならない。ただし、漁業の免許を受けた者、漁業法65条1項、2項、水産資源保護法4条1項、2項に基づいて、許可を受けた者が許可に基づいて採捕する場合はこの限りでない。

イ　同法4条1項

農林水産大臣または都道府県知事は、水産資源の保護培養のために必要があると認めるときは、特定の種類の水産動物の採捕を目的とする漁業、特定の漁業の方法で営む漁業を禁止し、許可制とすることができる。

ウ　同法4条2項

農林水産大臣または都道府県知事は、水産資源の保護培養のために水産動物の採捕に関する制限をし、または禁止し、又は許可制とする農林水産省令もしくは規則を定めることができる。

エ　漁業法65条1項、2項

同条1項は、農林水産大臣または都道府県知事は、漁業取締りその他漁業調整のため、省令、規則で定める特定の水産動物の採捕を目的として営む漁業を禁止し、許可制とすることができる。

同条2項は、農林水産大臣または都道府県知事は、漁業取締りその他漁業調整のため、水産動物の採捕又は処理に関する制限または禁止について、農林水産省令又は規則を定めることができる（1号）。

オ　北海道内水面漁業調整規則（以下「規則」という）

上記の法律に基づいて北海道知事は北海道内水面漁業調整規則を定め、以下の規制をなし、サケの採捕を一部許可制にするほかは禁止している。

㈠　44条

サケ、サクラマス、及びカラフトマスの採捕を目的とする刺し網、または「引っ掛け釣り」により営む漁業の禁止

㈡　45条

サケ、マス採捕の周年禁止

㈢　52条

規則で定める水産動物の種類、採捕の期間、使用する漁具もしくは漁法についての制限、禁止は、知事の許可を受けた者が行う試験研究、教育実習、増養殖用の種苗の自給もしくは供給又は伝統的な儀式もしくは漁法の伝承及び保存並びにこれらに関する知識の普及啓発のための水産動物の採捕については適用しない。

カ　小括

以上から、水産資源保護法25条に基づき、原則として河川におけるサケの捕獲は禁止され、また水産資源保護

法及び漁業法に基づき、北海道知事は北海道内水面漁業調整規則を定め、原則として何人も北海道の河川（内水面）におけるサケの捕獲が禁止され、同規則52条による要件を充足する場合には、許可制としてサケの捕獲を認められているに過ぎない。

(2) 原告のサケ捕獲は禁止されている

原告は、サケの採捕を目的として営む漁業を行う者ではなく、その許可も受けていない。

したがって、原告は、他の北海道民と同様にサケの捕獲を禁止されている。

唯一の例外は、規則52条による「伝統的な儀式もしくは漁法の伝承及び保存並びにこれらに関する知識の普及啓発のための水産動物の採捕」について、北海道知事の許可を受けた場合のみサケの採捕ができるとされているに過ぎない。一般に北海道内において、アイヌは、アイヌの伝統的な丸木舟を使用した漁、捕獲したサケの儀式（その年のはじめてのサケ漁を祝う儀式をアシリチェップノミという）、サケの伝統的な料理方法等の伝承、保存のために規則52条の許可を得てサケを捕獲している。これは前記した二風谷判決からすればアイヌ個人の文化享有権の権利行使として認められるものである。

しかし、本件で原告が求めるサケ捕獲権は、このような伝統文化の伝承・保存のためのサケ漁ではなく、日本政府（明治政府）が禁止するまで、つまり明治初頭まで、権利行使していた漁猟権に基づくサケ捕獲権であるから、丸木舟ではなく船外機付きの漁船による刺し網漁としてのサケ捕獲権なのである。

■第二　原告のサケ捕獲権

1　アイヌ集団のサケ漁

(1) 文献からの整理

ア　高倉新一郎（アイヌ政策史、甲2）

高倉は北海道帝国大学において日本における植民学を確立した学者であるが、アイヌ研究者としても高名である。高倉によると江戸時代におけるアイヌは「部落若しくは部落集団は共有の漁猟区を持っていて、団員はこれを自由に使用し得たが、団員以外の者が無断で闖入狩猟することは是を禁じ、若しも是を犯した者があれば贖罪が要求された。」（21ページ）と記述されている。つまり、江戸時代までのアイヌは、「部落」と称される小集団（コタンのことである）もしくはその共同体が、集団の漁猟区を有し、当該集団の構成員のみが独占的・排他的に漁猟を営んでいたのである。

ところが、明治になると明治政府はアイヌに対して

「一般人民と同等の人格を認め、その特別扱いを廃し、漸次内地人と同等の取り扱いをなす方針に出た。是明治維新以来澎湃として起こった四民平等の思想の表現に外ならないのであるが、その思想がアイヌ政策にも採用された所以は、尠なくともこの主義の採用は、北海道の開拓に支障を及ぼすが如き事がなかった故である。諸種のアイヌに対する特別扱いの廃止は、アイヌの必要と言うよりも寧ろ為政者の手数と負担を省くためであった事は明らかであるし、アイヌに一般人同様の権利を認めたのは、従来彼らに認められていた不正確な権利を排除して開発を速かならしめんとする目的にかなった事であった。従ってアイヌは新しい制度に依って若干の漁場・農地等を進んで与えられたが、その代償として、幕府に認められていた広大なる漁猟権は無視される結果となったのである。アイヌ政策に於けるかかる自由主義の採用はアイヌがその政策に値するだけに進歩した事を意味せずして、寧ろ為政者の都合からであった。」（405－406ページ）

　このように、幕藩制下においてアイヌ集団が有していた漁猟権は、「一般人と同等」という同化政策のもと、明治政府の北海道の和人による開発という目的のため、「為政者の都合」によって、完全に無視されたのである。高倉が記述するこの「無視」という表現は正しい表現であった。明治政府は、事実行為としてもアイヌの諸権利を「無視」し、法的行為においても、アイヌの諸権利に対するなんらの法的手当をすることなく、まさに「無視」し、その権利を侵害したのであるからである。

　イ　北海道庁（新北海道史第三巻通説二、甲3）

　新北海道史は昭和46年に北海道庁が発行した文献であり、以後北海道庁による北海道の歴史についての文献の発行はない。したがってこの文献は行政がまとめた最新の北海道の歴史である。この文献にも次のような記述がある。

　それは和人による北海道開拓に伴う土地問題に関して「これを農耕地としてより集約的に利用するようになると、勢い日本人に対して土地所有権を認めなければならない。一方アイヌには、部落もしくは部落群の共同利用に任され、その管理処分は部落を代表して酋長の手中にあった一定の漁猟区域があって、他の団体に対して排他的な権利を持っていた。」この土地問題に対して、明治5年9月、開拓使布達をもって「『地所規則』を制定し、北海道における土地は官用地ならびに従前民間で拝借使用中の土地を除いて全部官において民間の希望者に売払うこととし、従来アイヌが漁猟・伐木に使用してきた土地であっても、深山幽谷でないかぎりは、日本人に分割私有を許す旨を明らかにした。開拓史はこの規則において、従来アイヌの有していた漁猟区域を無視し、それについて何らの規程をも設けなかった」（886－887ページ）。

ここでも、アイヌは「部落、部落群」という集団（コタン）が、独占的、排他的漁猟区域と漁猟権を有していたことを認め、開拓使によって、このアイヌの漁猟権及び漁猟区域が無視されて和人への土地の売払いが行われていったことを行政として認めている。

ウ　小括

以上は、基本的に著名な学者や行政によるアイヌの漁猟権についての記述であり、江戸時代から明治にかけてのアイヌの漁猟権の変化についての代表的見解である。

これによれば、江戸時代においてアイヌは各地に存在した集団（前記では「部落」という表現）あるいは集団の集合体（高倉は「部落集団」と称し、新北海道史では「部落群」と称している）が、当該集団として一定の漁猟区域を有し、当該集団の構成員が、その漁猟区域の土地や河川を独占的・排他的に利用していたことが明らかである（これに反する理解や学説はない）。

明治になって、これらのアイヌ集団の漁猟区域への支配が和人への開拓地の提供のために「無視」されていったことも明らかなのである（この点も異論はない）。しかも、この明治政府のアイヌの漁猟権の無視が、法的に根拠づけられるものでもなく、事実行為として無視され続けてきたものだったのである。したがって、江戸時代に存在した各地のアイヌの集団の漁猟権は、法的には未だ存在していることになる。

(2) 江戸時代におけるアイヌの漁猟権の法的根拠

次に、江戸時代まで存続し、明治政府によって無視されたとされるアイヌの漁猟権について、その法的根拠について検討することにする。

ア　化外の地としての蝦夷地

徳川家康は、松前藩に黒印状[*1]を与えた。松前藩以外の藩に対する家康の黒印状（ないし朱印状）では、一定の領地を安堵する（〇万石というように）ものであったが、松前藩に対しては、アイヌとの独占的交易権を付与する内容であった。

このため、松前藩には、その支配する領地が存在しなかった。この結果、蝦夷が島[*2]の蝦夷地は、アイヌが支配する「化外の地」（化外とは「異域」つまり「外国」と同じ意味）とされ、化外の民であるアイヌの「蝦夷次第」（アイヌによる勝手支配）とされた（黒印状2条附《つけたり》）。松前藩は、松前藩だけが他の藩や商人を排除して、化外の地である蝦夷地の特定の交易場所において、松前藩が独占的に交易できるようになったのである（榎森進「アイヌ民族の歴史」、甲4）。

イ　化外の民としてのアイヌ

榎森は、化外の地における化外の民であるアイヌ（蝦《え》夷《ぞ》と称されていた）と幕藩制との関係を次のように記述する。

「彼らは（アイヌのこと（代理人注））、松前藩を介して幕藩制国家そのものと直接的な対峙関係に置かれると同時に、政治的・身分的には幕藩制国家に従属した「野蛮人」「化外の民」としての「蝦夷」、経済的には交易相手ないし収奪対象としての「蝦夷」として位置付けられた」（甲4、168ページ下段、傍線は代理人）。

つまり、蝦夷地のアイヌは、「化外の民」（異域の人）であるものの、経済的には松前藩とのみ交易することを要求され、その限度で、政治的、身分的、経済的従属性が存在したものとされていた。しかし、このことは幕藩制の内部に存在する「領民」ではなく、幕藩制国家と対立する（対峙する）関係であり、支配従属関係ではなかったということである。したがって、松前藩や幕府は、アイヌの人別帳[*3]を作成することもなく、アイヌに対して課税、賦役も課すことはなかった。

この歴史分析を法的な意味として解釈すれば、幕藩制下において、蝦夷地は和国ではなく、外国（化外の地、異域）とされていたこと、したがって蝦夷地は鎖国された土地ではないので、アイヌは中国等との交易を行い、「エゾ錦」と言われるような中国織物なども松前藩との交易品となっていたこと（甲4、173-174ページ）、この化外の地において化外の民との交易ができる主体を松前藩のみとすることにより、アイヌの経済的支配を確保したこと、そして、化外の民であるアイヌ社会の内部

*1　徳川幕府は各大名に対し土地（領地）を安堵する際の文書として領地判物（はんもつ）という花押を押した文書（10万石以上）と領地朱印状という朱の押印を押した文書（10万石未満）を発行した。松前藩は1万石格とされ、領地朱印状が発行されるが、家康の当時は朱印と黒印とは明確に区別されていなかったため、墨の押印である黒印状であった。

*2　「蝦夷が島」は今の北海道島を表し、この蝦夷が島のうち、松前周辺に和人地を設け、それ以外の土地をすべて蝦夷地とした。和人地と蝦夷地との境には番所を設け、和人が勝手に蝦夷地に入ることを規制し、アイヌも和人地に勝手に入ることができないこととし、蝦夷地の支配は「蝦夷（アイヌのこと）次第」とされた（甲4、167ページ）。

*3　ただし、19世紀に入り、場所請負人としての商人が、労働力確保にために独自に「人別帳」を作成していたが、これはあくまで商人によるもので、幕藩制下で執られていた年貢や賦役を課したり、領民の逃散を防止する意味で作成された、幕府や藩による公式の人別帳ではない。

における社会的、政治的決定権（自決権）は、「蝦夷次第致すべき事」（黒印状2条附）として、アイヌ集団の自決に任せることを認めていたということである。

ウ　アイヌ集団（コタン）の自決

榎森が指摘するアイヌの状況は、幕末における幕府直轄時代（対ロシア政策や函館開港を契機に一時期松前藩から幕府が蝦夷地を直轄する時期）を経ても基本的に変化することはなかった。それは「幕藩制国家が支配する『異域』としての『蝦夷地』や『化外の民』としてのアイヌ民族の存在それ自体が幕藩制国家にとって必要不可欠なものであったからである」（甲4、374ページ）。

このように、少なくとも江戸時代以降（1603年以降）から明治政府の樹立（1868年）までの歴史をみれば、約260年以上にわたって、蝦夷地は「蝦夷次第」としてアイヌ自らが自決権を有していた「外国」（異域）であり、蝦夷地においては、アイヌの各集団（コタン、前記高倉は「部落」）が、この自決権に基づいて一定の支配領域を有して、この支配領域内において土地や自然資源を独占的・排他的に利用していたのである。

したがって、このアイヌ集団の漁猟権が認められていた法的根拠は、アイヌの各集団が有していた自決権だったのである。

このことについて、前記した二風谷判決では、松前藩による北海道の「統治は全域に及ぶものではなく、アイヌ民族は、幕藩体制の下で大きな政治的、経済的影響を受けつつも、独自の社会生活を継続し、文化の享有を維持しながら北海道の各地に居住していたことが認められ」ると判示している（傍線は代理人）。

なお、今後準備書面等で主張をする予定であるが、明治以降に開拓使が作成した報告文書等において、江戸時代にけるアイヌの各小集団が慣習法として民事、刑事の法規範を有し、集団内において訴訟も行っていた事実を認め、明治以降も「ひそかに」訴訟行為を行っていた事実を確認していた。

エ　日本国と別の国家という意味ではない

国際慣習法上、「新大陸」を発見し、新たに国を形成した国とそこに先住する民族との関係について、次のように理解されている。

発見国は、発見した地に先住する民族に対し、他の列強国との関係で交易や土地取得の優先権を取得する（Discovery Doctrine（発見の原理））。この限度で先住民族は他の非発見国と交易をしたり、土地を売り渡したりすることができなくなる。講学上は「対外的主権」が制約される、と理解されている。

しかしこのことは、先住民族の内部における各集団が有していた自決権が否定されるものではなく、対内的主権は維持されるとされ、領域の支配、法規範等は何らの影響を受けないとされている。

アメリカ合衆国、カナダ、オーストラリア、ニュージーランド等の国々では、このような理解のもとで、先住する各集団は、当該国内における高度の自治権を有する集団とされ、例えばアメリカ合衆国では、一定の支配領域とその領域内における土地や自然資源に対する独占的・排他的権利が認められている（連邦議会の下に位置づけられるが、州と同等の権限を有するとされている）。

後記する「先住民族の権利に関する国際連合宣言」も、独立の権利までは規定しておらず、以上の理解の下で、各国内における自決権や土地、自然資源に対する独占的・排他的権利を認めている。

本件における原告の主張も以上の理解の下での主張である。

(3) 明治政府によるアイヌ集団の支配領域のはく奪（侵略）

上記のとおり、江戸時代までは異域とされた蝦夷地はコタンと呼ばれるアイヌの各集団が、独占的・排他的支配領域を有し、その自決に任されていた。しかし、明治になると明治政府は蝦夷地が当然に日本の領土であるという法的根拠のない前提に立って日本の支配領域に組み込んでしまった。この点について、以下問題点を指摘しておく。

ア　開拓使布達（甲14）[*4]

明治2年9月26日、蝦夷地を北海道と称し「開拓使被置」とされた。開拓使は明治5年9月、土地売貸規則及び地所規則を布達した。この土地売貸規則1条により北海道の土地を「原野山林等一切ノ土地官属」としたうえで「売下地券ヲ渡永ク私有地ニ申付ル事」とした。つまり、開拓使は蝦夷地であった北海道をすべて国有地と宣言し、私人に払い下げることを布達したのである。地所規則7条では「山林川沢従来土人等漁猟伐木仕来シ地ト雖更区分相立持主或ハ村請ニ改テ是又地券ヲ渡」とした。「土人」と称しているのはアイヌのことである。つまり、アイヌが従来から漁猟していた土地であっても私

＊4　証拠として提出する条文が収録されている開拓使事業報告附録布令類聚は、明治18年、当時の大蔵省が「開拓使」の事業を総括して刊行した報告書の一つである。この報告書は、開拓使の事業の内容を分野別に列記した「開拓使事業報告」と開拓使が出した命令・布達等の「法令」のみを収録した「開拓使事業報告附録布令類聚」の2種類からなり、この後者を復刻したものが甲第14号証ということになる。したがって、土地売貸規則及び地所規則は、開拓使が制定した規則（命令）ということになる。

有地（持主）あるいは村請（当該村の所有）とし地券を発行することにした。

このようにアイヌの支配領域は、開拓使の布達（行政命令）によって、奪われたことになる。

(一) 太政官への伺（開拓使の権限（甲15））

明治政府は王政復古によって、天皇の下に太政官を置き、太政官の下に民部省、大蔵省、兵部省、刑部省、宮内省、外務省など共に開拓使が設置された。開拓使は太政官直属の機関ということになる。開拓使の権限は太政官からの委任事項である。この委任事項は明治8年になって正式に「開拓使職制並事務章程」として制定された。この明治8年に制定された事務章程は上款、下款に分かれているが、例えば上款（太政官に上奏し裁可を要する）では国郡の名称や経界を定めたり、租税を定めたり、汽車道開設等が定められ、下款（開拓長官の専決事項）では道路橋梁の開設、士民の移住の許可等が定められ、いずれもいわゆるインフラ整備と認められる権限が定められている。この開拓使の権限からすれば、「化外の地」を国有化する権限や「化外の民」であるアイヌに対する交渉権はもとより、異域（外国）に対する何らかの対処、処分を行う権限は見当たらない。

前記した土地売貸規則及び地所規則は明治5年であるから、この開拓使の事務章程ではなく、太政官からの特別の委任がなければならないが、開拓使は太政官にこれら規則の布達について伺いを立て、太政官がこれを認めたことになる。したがって、土地売貸規則及び地所規則という二つの開拓使の布達（行政命令）は、太政官が裁可した布達ということになる。

(二) 太政官に権限はあるのか？

アイヌの各集団は、自らの自決権のもと、独占的・排他的支配領域を有していた。この各アイヌ集団の支配領域を日本政府が獲得するためには、各アイヌ集団との交渉によって、その同意を得るか、あるいは買い取ることをしなければならない。なぜなら各アイヌ集団は日本領土とは異なる化外（異域・外国）における自決権を有する集団だからである。各アイヌ集団の意思に基づかずに一方的にその支配領域を否定し、土地売貸規則及び地所規則によって、土地を国有地と宣言し、他の和人らに土地を分配することはいかなる合法的根拠も見出すことはできない。つまり、一般に言う侵略行為なのである。

イ　アイヌ集団の支配領域が国有地とされる正当な理由はない

以上のように、江戸時代までのコタンと称された各アイヌ集団が有していた独占的・排他的支配領域が、土地売貸規則及び地所規則によって、「官属」、つまり国有地とされ、地券発行条例、その後の新・旧国有未開地処分法等によって、その後私人等に払い下げられて行ったが、被告国はまず、アイヌが漁猟伐木していた土地を国有地とした正当な理由を明らかにしなければならない。幕藩制下において、その支配領域外の、つまり日本の領地ではなかった蝦夷地を、太政官の意思によって「日本の領土」とした正当な理由は現在までのところ存在しないからである。そして、この正当な理由が明らかにされなければ、アイヌ集団ないしその権限を引き継ぐその後のアイヌ集団は、依然として独占的・排他的に自然資源の利用権をかつての支配領域内に有するのである。

そして原告は少なくとも十勝川河口地域でのサケ漁を行う権限を現在において有していると主張するものである。

2　十勝川河口地域でのサケ漁

(1)　十勝川河口部周辺のアイヌ集団（コタン）

本件で問題となる浦幌十勝川河口部とは、浦幌十勝川の河口から約11・5キロメートルの上流部までの間をさしている（以下「本件流域」という。請求の趣旨記載の範囲はこの本件流域の一部ということになる）。十勝川はこの河口から約11・5キロメートルの部分（タビコライないしベッチャラという地名付近）で、現在の十勝川と浦幌十勝川に分流している。明治時代までは、この浦幌十勝川が十勝川本流であり、現在の十勝川は大津川と称されていた。現在、旧大津川河口部には豊頃町大津という地名が残っている。現在の浦幌十勝川と称する旧十勝川河口部の左岸は、古くから「トカチ」と呼ばれ、現在でも「十勝太」という地名となっている。

松浦武四郎は安政3年（１８５６年）9月（旧暦）に、蝦夷地を調査しているところ、その調査内容を「武四郎廻浦日記」に著している。この日記のうち、現在の釧路川から太平洋岸を十勝川あたりまで調査をした内容について、次のような記述がみられる。

まず、現在の浦幌町内の沿岸部に沿って、アブナイ（厚内）、ヲコッペ（興部）、コンブカルウス（昆布刈石）、トカチなどのコタンの地名やコタンの古い家数などを記述している。このうちトカチについては、

「川巾弐丁程有、川東に小休所1棟（八坪）有、其外茅葺假屋多し、後ろの方川番小屋三軒（イカンテハ家内4人、コンハラ家内7人、カンナムツ家内5人）有。」

と十勝太コタンの家数と人数を記載し、さらに

「此川少々上り（1里半）ウラホロと云処有。其より又少しにてヲホツナイ川と合う也。」

と十勝川から大津川の分流地点までの様子を記載している（以上は甲5、４６１ページ）。

また、松浦武四郎は、安政5年（１８５８年）7月21

日（旧暦）から現在の池田町より十勝川を下って調査をしている（戊午東西蝦夷山川地理取調日誌）。旧十勝川と大津川との分流点から下流の本件流域には、約11・5キロメートルの範囲に約100名を超えるアイヌが5つ以上のコタンで生活していたことが判る（甲6）。松浦武四郎の記した人名の一部を代理人が明治時代の地図に書き落とした地図が甲7である。

松浦武四郎の記述から、本件流域には複数のアイヌ集団（コタン）が存在し、多くのアイヌが居住していたことが明らかである。

⑵ 本件流域でのサケ漁

ア 交易品としての十勝川のサケ資源

高倉はアイヌ政策史において、アイヌからの交易品として、鷲尾、熊胆、クマやキツネの毛皮、煎海鼠《いりこ》、などと並び生鮭、干鮭を挙げている（甲2、259ページ）。ちなみに、煎海鼠は、長崎において中国への輸出品となり高額で取引されていた。

サケが和人との交易品の一つであることは数多くの文献で紹介されており、公知の事実である。

玉蟲左太夫の入北記には、網針《あばり》、漁網の取引について記録が残っている。玉蟲左太夫は、安政4年に函館奉行が幕府直轄となった蝦夷地を巡検した際に随行した者で、巡検の様子を入北記として記録していた（玉蟲左太夫は万延元年遣米使節団の一員として渡米し、その後戊辰戦争時に幕軍として捕えられ明治2年に割腹させられている）。

入北記によると、例えば浦河においてアイヌから商人が買い取る品と値段が記載され、海鼠は「一ツニ付」1文、鮭は、20本一束で上品は400文、中品は300文、下品は200文などと記載され、広く様々な交易場所における交易品となっていたことが判る（甲8、235-236ページ）。

さらに、明治33年に北海道庁植民部が発行した「北海道植民状況報文十勝国之部」では、明治以降になっても重要産物としてサケが注目され、「十勝、大津両川ノ鮭ハ釧路川ノ鮭ト共ニ其形大ナルヲ以テ夙《つと》ニ其名著ハレ産額モ又頗ル巨額ニ上リ」（甲9、103ページ、下線は代理人）と記載されている。十勝川のサケは魚体が大きく、明治30年代でも高額で売れるとのことである。当然ながら江戸時代にも十勝川の重要産品であったものである。

イ 本件流域でのサケ資源とサケ漁の存在

松浦武四郎の「武四郎廻浦日記」（甲5）461ページでは、十勝川の様子について、「此川《このかわ》　鮭・鱒・チライ・鯇・鰄・雑喉・シュシャモ等多し」とサケマスが多く生息していることも記述している。

一般に、十勝川は、サケが遡上する河川として現在でも有名である。公益社団法人北海道さけます増殖事業協会は、平成30年度において十勝川でのサケの親魚を13万4418尾捕獲している。

そして、原告の構成員の居た（死亡）愛牛コタンから、刺し網を使ったサケ漁を行っていた事実を裏付ける発見が最近あった。

それは、北海道帝国大学（北海道大学）の教授が、1934年10月27日から同月31日までの間、愛牛コタン及び十勝太コタンのそれぞれのアイヌ墓地からアイヌ遺骨65体（内、十勝太からは1体）の遺骨と副葬品を発掘し、持ち去るという事件に関して、原告が札幌地裁に遺骨及び副葬品の返還請求を起こしたところ（平成26年（ワ）1064号）、和解が成立して、アイヌ遺骨（返還遺骨は95体）と副葬品が原告に返還されたことから明らかになった事実である。この時の返還された副葬品の中に網針《あばり》という漁網を修理する道具が二つ含まれていたのである（甲10）。この網針は長さ10センチメートルほどで、網目の大きな漁網を修理する際に用いられる道具であると推測された。この網目からすると漁の対象はサケである。愛牛コタンは河口部からは10キロメートル（2里半）ほど上流にあるため、愛牛コタンでの漁猟は、海洋ではなく十勝川での漁と考えられる。また、河川での網漁は、現在でも一般に刺し網漁が考えられ、網針の発見は、この地域の十勝川で、刺し網を使ったサケ漁が行われていた事実を裏付けているのである。ただし、刺し網漁より規模の大きい引き網漁も存在していたようであり、現在浦幌町立博物館では明治時代と思われる十勝川での引き網漁の写真が展示されている。

また、原告構成員の先祖が、十勝川河口部において網漁をしていた事実は、入北記（甲8）によっても裏付けられる。216ページ以下は本件流域の「トカチ」について記述であるところ、219ページにおいて、和人からアイヌへの売り渡し品として、「網針」を「一本ニ付3文で売買していたことが記述されている。つまり、江戸時代において本件流域のアイヌは網針を購入していたのである。

これらの記録や副葬品から、本件流域のアイヌは、少なくとも刺し網（あるいはもっと大きな網を使って引き網漁をしていた可能性も否定できない）を利用してサケを捕獲していたことが認められる。

3　原告の地位

原告は、浦幌町内に居住するアイヌを中心に構成する浦幌町内での唯一のアイヌの団体である。原告に参集するアイヌのほとんどは、その先祖が本件流域に存在したアイヌ集団（コタン）の構成員の子孫である。したがって、原告は浦幌町内に存在したアイヌ集団（コタン）の権限を引き継いでいるものである。この点についてさらに以下詳述する。

(1) アイヌ集団は固定的ではなく、また共同体の場合もある

甲11は、文化人類学者の河野弘道の記述である。かれは、「いうまでもなく、昔時アイヌは各血族団体が部落を形成し、これ等の集団が部族的集団をなしていたものであるが、彼等の生産手段が原始的であったため、生産物（食糧）の過不足に支配されて、飢饉の時には時々集団的大移動を起し、その途上他部落或いは他部族と戦い、東進北退幾多の変遷を経て今日に至ったもので、諸部族の領域も、時の推移と共に著しく変化している。」（52ページ）と述べる。つまり、アイヌ集団はその支配する支配領域と共に固定的ではなく流動的ということである。

甲12は、歴史学者の海保嶺夫の記述である。甲12では以下のようにアイヌ集団が共同体的な構造になっていることを指摘している。

「コタンは、コタン近傍にある小流域の漁業権とその流路に自然的に付属している小空間での狩猟権（小イオル）を占有する小共同体である」としつつ、このような小共同体の多数を統轄する大将がいて、1本の河川の小共同体を束ねる河川共同体の首長といいうる、としている（74ページ）。つまり、アイヌ集団は、比較的小さな集団の場合もあれば、複数のアイヌ集団を束ねた「河川共同体」としての集団も存在するということである。

(2) 原告は、かつての複数のアイヌ集団の共同体

松浦武四郎の記録を見ても明らかなように、本件流域には、1町（約100メートル）から2町ごとに、アイヌ集団（コタン）が存在し（甲7参照）、各アイヌ集団（コタン）が、それぞれ、また共同体として本件流域を支配していた。しかし、前記のように明治になってから各コタンの支配領域が無視され、奪われていった。このためアイヌはアイヌ集団としての存立が困難になった。これは河野が指摘するような自然環境による変化ではなく、政府による強権的変容を余儀なくされたものであった。

しかし、原告が団体として設立されるに至って、各アイヌ集団の構成員の子孫が原告に集合した。この結果、原告は、かつて存在した複数のアイヌ集団の構成員が、原告という共同体に再結集し、一つのアイヌ集団として成立したものである。このことは、かつての各アイヌ集団の構成員が新たな原告という集団を結成することによって、各アイヌ集団が有していた諸権利を原告が承継

することになったと評価できる。十勝川河口部におけるサケ捕獲権はこの諸権利の一つとして原告が継承するものである。

このことは、具体的に次のような事情から、裏付けることができる。①原告の所在する場所が、かつてのアイヌ諸集団が存在していた場所との関係において地理的・流域的同一性が存在する事実（甲7）、②原告構成員の半数以上の先祖は十勝太に居住しており（他は厚内等）、かつての集団との血縁性が極めて強い、③原告は、ここ数年、アイヌコタンとしての文化・伝統を意識的に承継する努力をしている。本年では丸木舟の制作や伝統的なサケ漁（かつての漁業方法、サケ料理等）を復元・復活している。④愛牛コタン、十勝太コタンから掘り出され研究機関に保管されていた遺骨、副葬品について、かつてのコタン集団が有していた遺骨管理権限を主張して、取り戻し、100体を超える遺骨を再埋葬し、毎年イチャルパ（慰霊）を行っている。⑤アイヌコタンとして本件を提訴し、浦幌に住むアイヌが自立して経済活動としてサケ漁を営もうとする強い意思を有している。

このような諸事実からすれば、原告はかつて浦幌十勝川河口部に生活していた複数のアイヌ集団の権限を引き継ぐ集団として成立した集団であると評価できるものである。

(3) 小括

以上のように、原告は本件流域に存在したかつてのアイヌ集団を新たに共同体として再結集した集団であり、非合法的に奪われ、事実上権利行使できなかったかつてのアイヌ集団が有していた漁業権を引き継いでいるのである。

4 先住民族の権利に関する国際連合宣言

上記のように先住民族の集団が、列強国であった国によって奪われていた権利を回復することは国際的流れであるとともに、先住民族からその権利を奪っていった国家にはこの集団の権利を回復させる義務があるとみなされている。国連総会は2007年9月、先住民族の権利に関する国際連合宣言を採択し、日本政府はこの宣言に賛成をした（甲13、甲13は北海道大学アイヌ・先住民研究センターの訳であり、これ以外にも和約はある）。この宣言は、「すべての民族が、他と異なっている権利、自己を異なるとみなす権利、かつそのようなものとして尊重される権利を有することを認識し」（前文2段落）、「先住民族が、特に植民地化並びにその土地、領域および資源のはく奪の結果として歴史的に不正に扱われてきたこと、それによって特に自己の必要と利益にしたがって発展の権利を行使することを妨げられていることを憂慮し」（前文6段落）て、採択されたものである。

この宣言は、権利主体として「先住民族」（英文ではIndigenous Peoples）と「先住民である個人」（Indigenous Individuals）とに分けて規定している。権利の主体としての先住民族は、例えば「アイヌ民族」というような先住民族全体をさすのではなく、コタンのような先住民族の中の各集団を意味している。

具体的に先住民族の権利として規定されているものは、「自決の権利」（3条）などがあり、土地や自然資源についての権利としては26条で先住民族の権利とされている。26条1項は「先住民族は、自己が伝統的に所有し、占有し、又はその他の方法で使用し、又は取得した土地、領域、及び自然資源に対する権利を有する」とし、2項はこれらの土地や資源を「所有し、使用し、開発し、及び管理する権利を有する」としている。そして3項では「国は、これらの土地、領域および資源に対して法的な承認及び保護を与えなければならない」としている。

この宣言で規定されている先住民族の権利は、世界の各国（特に列強国と先住民族との関係）において、裁判例として認められて来た権利であり、実際にも北米等において権利行使されている権利である。したがって、この先住民族の権利に関する国際連合宣言の権利、特に26条1項は、国連憲章と同様に国際慣習法と考えることができる。

本件に関してこの宣言をみれば、原告はかつてのコタン集団が伝統的に利用していた十勝川におけるサケ資源について、これを捕獲し、開発し（加工し）、管理する権利を有する、ということである。そして、日本政府（被告国）は、この原告の権利を承認し、保護すべき義務を国際的に負っている、ということである。

本件における原告の請求は、この国際的潮流の一貫であり、日本政府は原告の請求を承認し、保護しなければならないのである。

5　確認の利益、必要性

原告は、先住民族であるアイヌの元コタン集団の集合した共同体として、十勝川河口部において漁業、特にサケの捕獲権を有している。しかし、現在、当初述べたように国の法律及び北海道の規則によって、原告が十勝川河口部においてサケを捕獲することは禁止され、万一サケを捕獲した場合には刑事罰が科せられる（漁業法１３８条、北海道内水面漁業調整規則55条、水産資源保護法37条2号）。

しかるに原告は浦幌地域の居住するアイヌのための経済活動としての漁業行為を行うことによって、同地域のアイヌが経済的に自立し、行政による福祉対策に頼らずに自活していくことができる。

よって、原告がアイヌ集団の権利に基づいて、つまり刑罰を科されることなく、サケを捕獲し、その経済活動を営むことはアイヌの経済的自立にために極めて重要であり、必要なことである。

6 結論

以上から、原告は、本件流域のうち、浦幌十勝川河口から4キロメートルまで（浦幌川合流地点）の範囲における、刺し網を使用したサケ捕獲権を有し、被告らはこの原告のサケ捕獲権を禁止し、制限することはできない。よって請求の趣旨記載の判決を求めるものである。

証拠方法

甲第1号証の1ないし2浦幌アイヌ協会議事録
甲第2号証　アイヌ政策史（抜粋）
甲第3号証　新北海道史第三巻通説二（抜粋）
甲第4号証　アイヌ民族の歴史（抜粋）
甲第5号証　武四郎廻浦日記（抜粋）
甲第6号証　戊午東西蝦夷山川地理取調日誌（抜粋）
甲第7号証　地図
甲第8号証　入北記（抜粋）
甲第9号証　北海道植民状況報文十勝国之部（抜粋）
甲第10号証　和解調書
甲第11号証　北方文化論（抜粋）
甲第12号証　日本北方史の論理（抜粋）
甲第13号証　先住民族の権利に関する国際連合宣言
甲第14号証　開拓使事業報告附録布令類聚（抜粋）
甲第15号証　開拓使文書を読む（抜粋）

付属書類

▼甲号証写　各3通
▼委任状　1通
▼議事録　1通

漁業権目録

1　対象魚類　シロザケ（Oncorhynchus keta）
2　場所　浦幌十勝川河口から4キロメートルまで（浦幌川合流地点）
※添付地図参照
3　漁法　刺し網漁

Ⅱ　意見陳述書

ラポロアイヌネイション名誉会長　差間正樹

1　私は、ラポロアイヌネイションの名誉会長をしております。ラポロアイヌネイションは、旧称は浦幌アイヌ協会といい、私は長年この会長をしておりました。今年の7月にラポロアイヌネイションと名称を変更し、名誉会長になりました。ラポロとは浦幌の名の由来であるアイヌ語のオーラポロから取りました。なぜ、名称の変更をしたかというと、私たちの先祖はコタンという集団を作り、この集団が十勝川でサケ捕獲権を有していたことから、私たち子孫もこのサケ捕獲権を復活させることを目指す団体になろうと決断したからです。私たちもかつてのコタンのようにサケ捕獲権を持ち、自己決定権を持つ組織になっていくことができれば、という決意を込めて名称を変更しました。

2　私が、自分はアイヌだと確実に分かったのは高校卒業の時でした。大学入学に必要な戸籍を取り寄せたとき、母の祖父と祖母の名がエコシップ、モンノスパという名前だったからです。母に「この人は？」と聞いても何も言いませんでした。両親はアイヌだということを隠していたのです。しかし、隠しようはなかったのでした。父はサケの定置網の権利を取得しましたが、他の和人の漁師から漁獲の多い定置の場所を取られたりして、いろいろな嫌がらせを受けていました。私も何か変だと思いながらいじめにあっていました。私は高校生まではたぶん自分もアイヌなのだなと思っていました。中学時代はアイヌということで暴力的ないじめにもあっていました。子供ながら理不尽だと思いましたが何もできませんでした。しかし、40歳台になって、アイヌであることを隠すのはやめようと思うよう

になり、「俺はアイヌだ」と面と向かって言うことにしました。すると、今まで嫌がらせをしてきた人たちは、嫌がらせをしなくなりました。母は十勝太アイヌで、父は白糠アイヌです。私は今では胸を張って生粋のアイヌとして誇りを持っています。

3

私たちはこの5年の間に十勝川下流域にあった愛牛コタン、十勝太コタンなどのアイヌ墓地から研究者によって持ち去られた先祖の遺骨１０２体を北大、札医大、東大から取り戻し、浦幌博物館からは十勝太の遺跡から発掘された江戸時代のアイヌ遺骨を返還してもらいました。私がアイヌ遺骨をアイヌに帰させるべきだと思うようになったのは、北大納骨堂の前でのイチャルパ（慰霊祭）に参加した時でした。私は北海道アイヌ協会十勝支部連合会で、「アイヌの遺骨は全部地元に帰させるべきだ」と発言したのですが、幹部たちから「そんなことは無理だべ」と笑われました。しかし、先祖の遺骨を返還させることはアイヌの権利だと思い、裁判を起こして、遺骨を取り戻したのです。私たちは、自分たちの声をあげなければ何も前に進むことはできないと確信しました。

4

私は、3年前に、サケ捕獲権の勉強をするためにアメリカのワシントン州のインディアントライブを訪れました。そこでは１９６０年代にサケの捕獲を巡ってインディアントライブと州との「魚戦争」と呼ばれる闘いがありました。インディアンの人たちは自分たちの権利を主張し、１９７４年に連邦地裁で、その後連邦最高裁で勝利しました。私はアメリカでも自分たちの権利を守るために先人たちが大変な努力をしていたことを知りました。現在ではインディアンの人たちは州や連邦と協力してサケ資源保全のために川の生態系を維持する活動もしています。私も十勝川の生態系を保全し、サケ資源をはじめとする豊かな自然環境を守っていかなければならないと思っています。

5

私は、父の後を継いでサケの定置網の網元をしています。定置網は海での漁ですが、やはりアイヌとして川でのサケ漁へのこだわりを持っています。遺骨返還の際に副葬品として

6

手作りの網針《アバリ》という網を修理する道具が返還されました。網針の大きさからいって川でのサケ漁のための刺し網を修理する道具だと思います。私たちの先祖は川で刺し網漁をしていたのだと知りました。サケを獲り家族の生活を支え、またサケを加工して交易し、先祖たちは豊かな生活をしていたと思います。

かつて先祖たちが漁をしていた川は、今、浦幌十勝川と呼ばれている川です。現在の十勝川は河川工事で豊頃町大津に流れていますが、もともとは、浦幌十勝川こそが十勝川の本流だったのです。かつては川幅が200メートル以上あった川は、上流部で十勝川と分断されたため50メートルほどの細い川になってしまいました。今は分断された十勝川から導水路を使って、最大毎秒9立方メートルの水が引かれているだけです。そのため、浦幌十勝川を遡上するサケはほとんど十勝川に上ることはありません。それでも、私たちにとっては、先祖から受け継いだ貴重なサケなのです。そしていつの日かより多くの野生のサケがのぼる浦幌十勝川にしたいと思っています。

私たちは、サケを生活のため、また経済活動のために捕獲したいと思っています。それによってアイヌが自立し、生活できることを望んでいます。

私たちは川を取り戻し、サケを取り戻し、生活を取り戻したいのです。

2020年12月17日

差間正樹

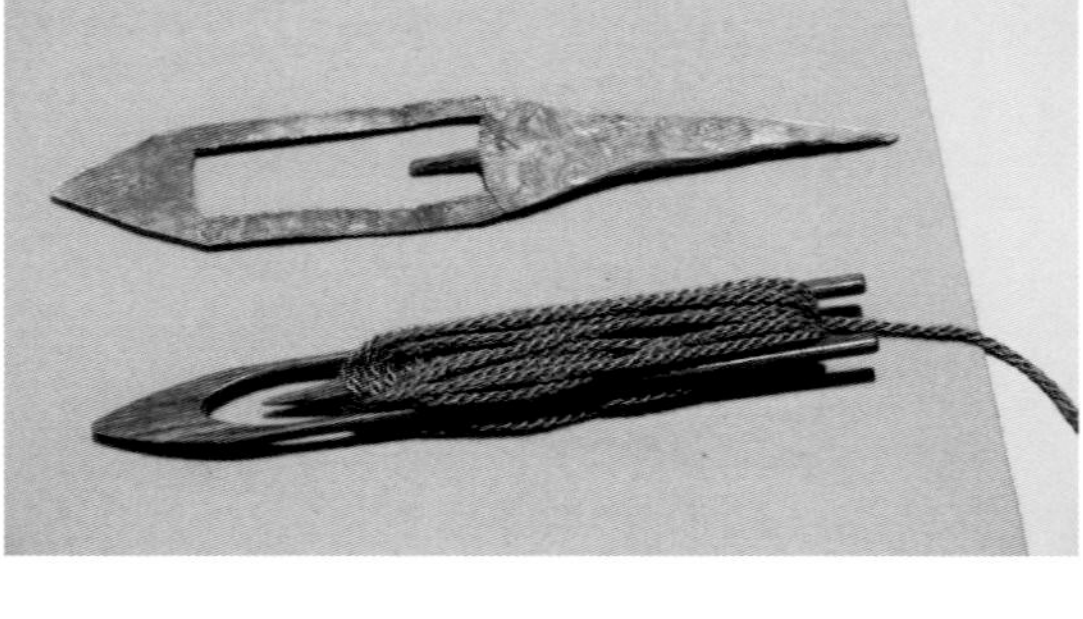

写真上：先祖の遺骨と共に埋葬されていた網針
写真下：ラポロアイヌネイションの会員が使っている網針

Ⅲ　意見陳述書

ラポロアイヌネイション会長　長根弘喜

1

私は現在ラポロアイヌネイションの代表をしています。ラポロアイヌネイションは、もともとは浦幌アイヌ協会という名称で、長年、差間正樹さんが代表をしていました。

私たちは、北大や東大によって浦幌町から持ち去られた先祖の遺骨１０２体の返還を実現し、さらにサケを獲る権利を求める団体としての気持ちを強く表すために、２０２０年、会の名称をラポロアイヌネイションに変更しました。

2

私の父は喜一郎といい、長い間、浦幌アイヌ協会、かつてはウタリ協会と言っていましたが、その会員でした。

父の母親は、喜代野といい、幕別の白人《チロット》コタン出身です。父親は源次郎といい、十勝太《トカチブト》アイヌでした。

私は、自分がアイヌだということはわかっていましたが、アイヌだからといって、そのことを特に意識して生活したわけではありません。

祖母の喜代野が十数年前に厚内で亡くなった時、遺品の中からたくさんの写真が出て来ました。写真には、アイヌの既婚女性がよくしていた、口の周りに入れ墨をした女性が写っていました。裏に書かれたメモに「フチ」というアイヌ語も書かれている写真もありました。

私の母が、写真を見ながら喜代野のことをいろいろ話してくれ、私はだんだんアイヌに興

味を持つようになりました。

3 私は高校を卒業し、その後数年間は更別で酪農のヘルパーなどをしていました。厚内で叔父が漁師をしており「手伝わないか」と声をかけてきてくれたので、厚内に戻り、今は漁師をしています。

差間正樹さんが網元のサケの定置網漁や、叔父がやっているカニ漁、シシャモ漁、ツブ漁などの漁師として働いています。

漁師になって知ったのですが、漁師は全員がマキリという小刀を腰に差しています。マキリの鞘には彫刻がしてあり、私は自分のマキリにアイヌ文様を彫り、今も漁のときには腰に下げて使っています。

4 私がアイヌであることを強く意識するようになったのは、やはり遺骨の返還からでした。先祖の遺骨が大学教授らによって発掘され、持ち出されていった経緯を知って、まず、「ひどい話だ」と強いいきどおりを感じました。

遺骨返還が決まり、浦幌墓地に迎え入れるにあたり、会の皆と一緒に再埋葬や儀式の準備をしました。細い柳の木を伐りだしてイナウを削ったり、カムイノ

ミやイチャルパの練習をするようになって、だんだんアイヌの長い歴史やアイヌの文化、伝統を考えるようになりました。そして、「アイヌとして生きることはすごいことだ」「俺はアイヌなんだ」ということを強く自覚するようになりました。

昨年は、アイヌの伝統的な丸木舟を会員のみんなで作り、この丸木舟を使って浦幌十勝川で160尾以上のサケを捕獲しました。漁師として海ではサケを獲っていますが、アイヌとして、私の先祖と同じように川でサケを獲ることは、全く違うということを感じました。

川でのサケの捕獲はアイヌの文化そのもので、サケの捕獲にアイヌとしての誇りを感じました。先祖と同じようにサケを獲り、神に祈り、カムイノミをしながら、「俺はアイヌだ」と体が震えました。アイヌとして誇りをもって生きるためには、私たちに和人とは違う、サケを捕獲する権利が絶対に必要だと思いました。

5

私は最近はサケの資源保護についても考えるようになりました。何年か前に、大雨がありました。そのとき、放流されたサケの稚魚のほとんどが水かさを増した川に流されてしまいました。しかし、自然産卵の天然のサケは大雨の後も川で見ることができました。放流の稚魚か天然の稚魚かは、大きさが違うので一目で区別できます。私はその時、やはり天然のサケの方が生存率が高いと分かりました。これまで行われてきたサケのふ化増殖事業が本当にサケにとって良いのかを考えるようになりました。

これからも勉強しながら、サケの資源をどのように保護していくのかを、ラポロアイヌネイションとして考えていきたいと思っています。

浦幌十勝川河口　サケは太平洋からこの川を上る

Ⅳ　先住権とはどんな権利なのか？

市川守弘

1　先住民族の権利に関する国連宣言（UNDRIP）26条

この26条は、先住民族が伝統的に住んでいた場所の土地や自然資源を利用する権利を規定しています。この権利を先住権と称しています。

具体的には、サケを捕獲する権利、狩猟する権利、伐木する権利等々の土地利用権をさします。ですから、先住権というのは、このような様々な権利を束ねたもので、権限（title）と呼ばれることもあります。

2　先住権とは、伝統的・慣習的に認められていた権利

先住権とは、列強国が先住民族を支配した当時に、すでに伝統的・慣習的に確立していた権利のことです。26条も「伝統的に」所有し、占有し、使用した土地や資源に対する権利としています。

アイヌのサケ捕獲権について具体的に見ていきましょう。

《漁　場》江戸時代まで網を入れたり、ウライを掛けたり、テス（柵）を設置していた伝統的漁場での捕獲権になります。

《漁の方法》河川でのサケ漁ではマレック（マレップ）と称するモリ状の漁が有名ですが、アイヌの場合、多くのコタンでは網を用いていたようですから、網漁の権利もありますし、またテスというサケの遡上を妨げて漁獲する柵を設置してのサケ捕獲も

行われていた地域ではこの漁法での権利も認められます。

《魚　種》これも伝統的に漁獲していた魚種（シロザケ、カラフトマス）ということになります。

本書で紹介されているアメリカ・ワシントン州のインディアントライブも、連邦政府との間の条約をめぐる判決によって、漁業権を取り戻しました。この権利は条約や法律によって与えられた権利ではなく、インディアントライブがもともと持っていた権利であると認められました。

彼らトライブは、リザベーションの外であっても、「慣習的・伝統的場所での漁業権」が認められています。しかも、すべての市民と同等に、すなわち、全漁獲高の50％が保障されていることがボルト判決によって認められました。また、トライブはサケの資源管理においても、州と共同管理者の地位にあるのです。

3　昔ながらの権利の行使しかできないのでしょうか？

先住権は伝統的・慣習的に認められる権利ですが、では現代においても、かつての伝統的な権利（丸木舟の使用など）しか認められないのでしょうか？

そうではありません。もし、先住民族がそのまま権利行使していたら、技術革新をしていたからです（先住民族の権利宣言26条2項で、資源を開発する権利を認め、23条では「発展の権利」を認めています）。

例えば、網漁でも昔の糸ではなく、ナイロン製の糸を使った網漁ができます。昔はなかった船外機付きの船を使うことができます。

どういう権利が認められるのかは、歴史、伝統、慣習によって決まりますが、その認められた権利は、現代の技術に応じて発展した内容として権利行使できるのです。同じように、人工ふ化事業によって生まれたサケも捕獲することができます（アメリカの判例）。

4　誰が先住権を有するのでしょう？

国連宣言26条では、indigenous peoples と規定され、先住民族と訳されています。26条は、個人としての先住民（indigenous individuals）ではなく、先住民族という集団に先住権を認めているのです。

なぜ、個人ではなく集団に認められるのでしょうか？

国連宣言３条は先住民族の自決の権利を認めています。この自決権に基づいて「経済的、社会的及び文化的発展を自由に追求する」ことができるとしています。先住権は、この集団の自決権（支配権）を根拠として認められる土地や自然資源の利用に関する独占的・排他的権利なのです。

アイヌの場合、先住権を有するのは、コタン（あるいはコタンの共同体）という集団です。コタンとはどのような集団でしょうか。

アイヌの歴史研究者である榎森進氏によると、アイヌが暮らしていた蝦夷地は、江戸時代までは異域であり、化外の地、つまり外国でした。そして蝦夷地内の各地のコタンあるいはコタン共同体が、それぞれ独立し、イオルと呼ばれる独自の支配領域を持ち、土地や河川・浜などを独占的・排他的に利用していました。他のコタンのアイヌが入り込んでサケを獲るとコタン間の争いにもなりました。ジョン・バチェラーは、コタンを「一種の国家のようだ」と書いています。

このようにコタンは自決権（支配権）を持ち、土地や資源について独占的・排他的権利を持っていました。コタンに属する個人は、構成員としてコタンの権利を行使することになります。

先住権は、コタンという集団の権利ですから、コタンを離れてしまったアイヌには先住権はありません。また、石狩地方のコタンのアイヌは、石狩川でサケを獲る権利はありますが、アイヌだからという理由で十勝川でサケを獲る権利はないのです。

5 国が先住権を認めない理由

日本国政府はアイヌが先住民族であることは認めるに至ったものの、アイヌの先住権は認めようとはしていません。

政府が先住権を認めない理由は、日本にはもはやコタンやコタンに代わる受け皿となるようなアイヌの集団が存在しない、ということです（内閣官房アイヌ政策推進会議では遺骨返還の主体について、返還をする集団がないと言い切っています）。つまり、先住権の権利の主体が日本には存在しない、という主張です。しかし、アイヌを先住民族と認めながら先住権を否定するのはおかしなことです。

よく考えると、土地を奪い、サケなどの川の恵みや森の恵みを奪い、アイヌの生活基盤をすべて奪ったのは明治政府であり、戦後もそれを引き継いだ日本国なのです。国自身が、「一種の国家のようだ」と言われたコタンの自決権を奪い、支配していた土地や自然資源を奪ったのです。

では本当にコタンのようなアイヌ集団はないのでしょうか？　ラポロアイヌネイションのように、かつてのコタンの子孫が結集して、かつてのコタンの権限を回復させようとしている集団もあります。今重要なことは、このようなかつてのコタンのような集団を全道で復活させていくことなのです。

6 アイヌ個人の有する権利

国は集団の権利を否定しながらも、アイヌ個人の権利は認めているようです（ただし、アイヌ個人の権利を認める法律はありません）。それもアイヌ文化の伝承や振興に限定しています。アイヌ伝統文化を維持し広めるとする文化施策推進法は、このアイヌ個人の権利に対応したものでしょう。先住民族の権利に関する国連宣言は、集団として文化的発展を追求し、維持する権利を認めていますが、個人としてもその文化を享有する権利があるということです。これは、二風谷判決で、アイヌ個人の文化享有権が、憲法13条によって認められたためです。

そこで、この個人の権利としての文化享有権と、集団の権利としての先住権は、どうちがうのでしょうか？

アイヌ衣装を着て、丸木舟を使って、マレックを用いて伝統に基づいてサケを捕獲し、捕獲したサケを伝統的方法で料理する権利は、文化享有権として認められますが、ナイロン製の網を用いて船外機付きの漁船でサケを捕獲し、捕獲したサケを加工販売する権利（先住権）は、伝統的文化を享受する文化享有権とは異なります。この点が、文化享有権と先住権としてのサケ捕獲権との違いです。先住権が認められれば、集団の一員として個人はサケを捕獲し、加工、販売ができますが、個人の文化享有権としてはこのような経済活動はできず、限界があるのです。

7　今に生きるコタン

インディアントライブの人々は、条約でわずかながら残したリザベーション内で自決権を維持しながら生活していましたが、今や彼らは先住権、環境保護のリーダーにもなっています。それは、何よりも大切な漁業権を確保できていたからです。

それに比べると、アイヌの人々は土地も資源もすべてを失ったままです。先住権を主張する足掛かりはほぼないに等しいのです。

しかしアイヌの人々は、すべてを失ったわけではないのです。

日高地方のアイヌの集まりであるコタンの会は、北海道大学から85年ぶりに遺骨を取り戻し、伝統的なやりかたを模索しながら、かつての杵臼アイヌ墓地に再埋葬しました。

浦幌アイヌ協会、現在のラポロアイヌネイションは、北海道大学、東京大学、札幌医科大学などから遺骨を取り戻し、２０２０年、すべてを故郷の地、浦幌町の墓地に再埋葬しました。これらの例は、地域的まとまりをもった集団が先祖の遺骨を取り戻し、地域の伝統に従って再埋葬し、地域の伝統、宗教、慣習を復活させる取り組みの一つと言えるでしょう。

かつてコタンが存在した地域では、依然として、かつてのコタンの子孫たちが、それなりのまとまりをもって生活しています。コタンの構成員の子孫たちが、まとまりを持ったかつてのコタンを再生し、先住権を主張できる「現在のコタン」を創っていくことは可能です。それは世界の先住民族の流れです。

今、求められているのは、このようなコタンを如何に再生するかなのです。アイヌの人々が先住権をもつコタンを目指すかどうか。日本政府がたんに文化保存や福祉政策にとどまらず、サケや自然資源を得て管理する権利を、アイヌに認めていくかどうかにかかっています。

8　アイヌとサケ――ラポロアイヌネイションの場合

２０２０年に浦幌町のアイヌコタンの子孫である集団、ラポロアイヌネイションが、国と北海道を相手に起こしたアイヌのサケ捕獲権確認請求訴訟は、先住権としてのサケ捕獲権を取り戻そうとする行動です。

主張の内容やラポロアイヌネイションの想いは、訴状や意見陳述書をお読みいただければと思います。

サケ捕獲権に関連して、一つだけ説明しておきたいことがあります。

現在、北海道は、北海道内水面漁業調整規則で、河川におけるサケの捕獲をほぼ一切禁止していますが、アイヌ文化伝承等のためのサケの捕獲は、知事の許可によって認められています。

毎年、秋に道内各地でアイヌの人々によるアシリチェップ・ノミが行われています。２０２０年、ラポロアイヌネイションも初めて知事の許可を得てサケを捕獲し、アシリチェップ・ノミを行いました。

アシリチェップ・ノミというのは、新しいサケを迎えるためのアイヌの伝統儀式です。よく考えてみると、川でサケを獲ることができないのに、アシリチェップ・ノミのためにサケを獲ることができるというのは、本末転倒です。

萱野茂さんは、サケについて、「アイヌの人々はカムイチェプ（神の魚）、またはシエペと呼びます。シエペというのは、本当の食べ物、つまり主食という意味」だと言います（94頁）。

アイヌにとってサケは経済的、文化的、精神的に不可欠の資源です。川に野生のサケが戻ってきて、それを必要なだけ獲ることができる。日常の食べ物として、そして、生活の糧、生業としてサケを獲りたいのです。野生のサケが戻ってくることができる川を取り戻したいのです。アイヌにとってサケは、儀式のためだけの存在ではないのです。

提訴に向かうラポロアイヌネイションのメンバー。2020 年 8 月 17 日午後、札幌地方裁判所前で

あとがき

新しい時代が訪れようとしている。震えるような予感に満ちた時代の到来だ。アイヌが先住権を主張し、その権利を行使する時代が訪れようとしているのだ。困難な道程が待ち受けていることは承知の上だが、この時代に立ち会える幸運を私は得ることができた。

アイヌが先住権の行使を主張するまでに150年もの年月を要した。私はと言えばアイヌの権利に対して、それを奪い、否定し、その上に君臨してきた「やまと」の後裔なのだ。アイヌと出会うことで、自己が問われることになった。しかし、人間は自己否定を通して成長する。得難い因縁に巡り合ったのだ。

私が出会った最初のアイヌは山本多助エカシだった。北海道で民衆史掘り起し運動が燎原の火のように広がった1976年3月、北見市で開催されたオホーツク民衆史講座の後の懇親会だった。真っ白な髭を豊かに蓄えたエカシは酒の席に青年の私を呼んで「俺は北海道共和国を作る。お前は坊さんか、よし、それなら文部大臣にする」と、気前よく私を閣僚に加えると約束してくれた。多助エカシの言葉を聞いた私はまんざらでもない気分になった。集会の壇上でエカシから「アイヌの国を侵略した赤鬼、青鬼ども！」と脅かされたばかりだったから、エカシの大空のようにひろい心に感動したのだった。すでに先住権回復のたたかいは始まっていたといえるのだが、やはりそれは漠としたものであり、ロマンチックであっても現実を見渡せるものは何もなかった。

やがて、小川隆吉、早苗さんたちに出会った。札幌でアイヌとして生き抜き、権利回復運動をたたかう夫妻だった。１９８７年春、私は隆吉エカシに案内されて北海道大学医学部の構内に入った。動物実験施設と書かれた看板の奥に建つ「アイヌ納骨堂」には、コタンから奪われた一千体を超えるアイヌ人骨が入っている。いつかきっと、先祖の遺骨を取り戻すと、隆吉エカシは語った。遺骨を取り戻す裁判は先住権獲得に勝利する最初のたたかいとなるのだが、当時、アイヌの遺骨を北大からどうやって取り戻すのか、大学の檻の中から遺骨を開放することなど、やはり夢のような出来事にしか思えなかった。

アイヌのたたかいに新しい時代を開く力になったのは、２００７年に国連で採択された「先住民族の権利に関する国際連合宣言」（ＵＮＤＲＩＰ）である。そこには長年にわたって世界の先住民運動が獲得してきた成果が結実し、先住民族には先住権が存在すると明記されていた。

翌２００８年、小川隆吉エカシは先祖の遺骨を取り戻す決心をして、北海道大学に対して情報公開法に基づき遺骨問題に係わる文書の公開を請求する運動を開始した。先住民族アイヌによる自覚的な先住権獲得のたたかいが始まった。隆吉エカシの周りに集まった者たちが北大開示文書研究会を立ち上げ、遺骨を取り戻すたたかいを応援することになった。このたたかいを理論的にリードして、裁判として成立させたのは市川守弘弁護士だった。市川弁護士は自らの仕事を中断して夫妻でアメリカに留学し、コロラド大学ロースクールでアメリカインディアンの先住権獲得のたたかいを学んで帰国した人だ。

２０１２年、小川隆吉エカシ、城野口ユリフチなどを原告にして、浦河町杵臼コタンから北大によって持ち去られた遺骨返還を求める裁判が始まった。日高のアイヌは遺骨返還の受け皿として「コタンの会」（清水裕二代表）を結成した。そのころ、私などは先住権についても、ちんぷんかんぷんだった。裁判は進むが、理論は裁判のあとから追いかけるようなすさまじい運動の展開だった。裁判のカギは遺骨を祭祀承継者個人に返すのか、かつてのコタンの構成員たるアイヌの子孫の集団に返すのかが焦点だった。北大はあくまで法律に基づき個人に返すと主張して、集団に返すことを拒んだ。原告側は先住権とは先住民が保持してきた集団の権利なのだから、コタンから持ち去られた遺骨はコタンの子孫集団のもとに返されるべきだと主張した。訴訟の過程で原告の城野口ユリフチが亡くなった。高齢の原告に危機感が漂う中で、裁判所が和解を提案した。原告が賠償請求を取り下げる代わりに、北大は集団に遺骨を返すという提案である。2016年、歴史的な和解が成立して、遺骨12体が北大から原告の杵臼コタンの子孫をはじめとしたアイヌ集団に返還された。法律に書かれていなくても先住権は行使できる。裁判所はそれを認めた。先住権を主張するアイヌのたたかいが、ついにその主張を実現する時代へと歩みだした。

2017年春、浦幌アイヌ協会の差間正樹さんと差間啓全さん、市川弁護士、そして私たちは、アメリカに旅立った。ワシントン州オリンピック半島にサケの捕獲権を持つサーモンピープルを訪ねるのが目的だ。アイヌ先住権運動は遺骨返還からさらに新たなステージを目指していた。アイヌが自立的に生活する生産活動の権利を獲得する運動に歩みだすのだ。浦幌の太平洋沿岸に住むアイヌは伝統的にサケを捕獲し、サケの恵みで生計を立ててきた。差間さんたち浦幌アイヌ協会の先祖である。近代以後、先祖たちはサケを捕獲する権利を日本政府に奪われてしまった。アメリカにはすでにサケの捕獲権を回復して先住権を行使しているインディアンがいるらしい。その人々を訪ねて勉強しようという旅だ。

コロラド大学ロースクールのチャールズ・ウィルキンソン教授の導きでオリンピック半島の先端、マカを訪ねた。マカトライブのインディアンは専用の港や船を持ち、豊かな生活を謳歌していた。ワシントン州北西部のインディアンは伝統的慣行的漁場での年間漁獲量の半分を自分たちの権利として行使している。隣のローワーエルワクララムのインディアンはサケの上るエルワ川を取り戻すため、上流の2つのダムを壊すことを主張して、実際にダムを壊してサケの遡上を実現していた。河口には豊かな砂洲が出現して、さまざまな動植物が甦っていた。もちろん、トライブのメンバーは最初からその権利を行使できたわけではない。1970年代までの彼らは、サケの捕獲権に関しても無権利状態に等しく、血のにじむようなたたかいを経験していた。サケの捕獲権を主張して川に網を入れ、警察に逮捕されて牢屋に入れられることを繰り返した。彼らのたたかいを支援したのは非インディアンの研究者や弁護士、市民たちだ。裁判をたたかった彼らは先住権を認めさせて、自分たちのトライブをネイションと自覚した。アメリカには3つの政府がある。連邦政府、州政府、それにインディアントライブである。インディアントライブは連邦政府からも州政府からも独立した自治権を持っており、自己決定権を行使している国家なのだ。差間さんたち浦幌アイヌと私たちは、二つのインディアントライブから実に多くのことを学んで帰った。

サーモンピープルを訪ねる旅から帰った浦幌アイヌ協会の人々は、十勝川下流域において浦幌アイヌの先祖が伝統的にサケを捕獲して生活してきた権利は消滅していないと主張して、2020年8月17日、国と道を被告にした裁判を起こした。提訴に先立って、彼らは自分たちの集団の名称を変更した。浦幌アイヌ協会からラポロアイヌネイションに。ラポロは彼らの先祖のコタンがあった場所の名前であり、ネイションと名告ったのは、自分たちはコタンの後継として自治権、自己決定権を持つ国家と呼ぶべき集団であることを主張する意志の表明だった。

私は北海道に生まれた和人として、改めて自からを顧みて思う。私の住む町や川、山のほとんどすべてはアイヌ語かアイヌ語起源の名称だ。私たちの父や母たちはアイヌの国に入り込んだ移民集団なのだ。にもかかわらず、数を頼んでアイヌを無視し、我が物顔で北海道に住み続けてきた。アイヌは政府の同化政策による収奪に晒されて貧困となり、差別され塗炭の苦しみを経験した。蝦夷島が明治政府によって北海道と改称され、日本国家から植民地支配を受け150年余が過ぎた。そして今、アイヌが自らの権利たる先住権を主張して行使する時代が訪れようとしている。植民地主義に抗して先住権を主張するアイヌのたたかいは、まだ緒に就いたばかりだ。

日本政府はようやくアイヌを先住民族と認めたが、先住民族が持つ先住権を認めようとしない。紋別アイヌ協会の畠山敏会長は先住権を主張して藻鼈川に網を入れ、サケを獲ったため刑事告発され書類送検となった。ラポロアイヌネイションのサケの捕獲権裁判は始まったばかりだし、政府も北海道も争う姿勢を変えようとしない。土地権や狩猟などの権利もこれからの課題だ。しかし先住権の主張は、アイヌにとって人間としての権利を取り戻す、あたりまえのたたかいであり、和人の私にとっても、植民地主義によって非人間化した歴史にからめとられた自己を取り戻す得難いチャンスなのだ。先住権の行使を求めるアイヌの人々とともに、新しい時代の扉を開くことができたらと願っている。

2021年5月

北大開示文書研究会共同代表・一乗寺住職　殿平善彦

編集後記に代えて

■私が今までに学ばせて頂いたアオテアロア／ニュージーランドのマオリとカナダ西海岸のファースト・ネーションズと呼ばれる先住民族の人々は、何かを語るとき、必ず物事の経緯、尽力した人々の働き、先祖、その土地の歴史などに触れる。そういった全てのことに関する「歴史」を尊重する。それはオリンピック半島の人々でも同じだった。ここでは、殿平さんがあとがきで触れてくれたため割愛させて頂くが、何度でも触れなければならないのは、この旅は、チャールズ・ウィルキンソン教授のコーディネイトで実現した旅だということだろう。その人生の時間を賭して彼らと誠実な関係性を築いてきた教授は、私たちの旅にもその心を砕き、様々なものに覆い隠されがちな未来への道筋を照らしてくれた。ローワーエルワで彼らからイーグルの大きな写真を贈られていた教授の姿に、彼らとの信頼関係と教授の成してきた仕事の偉大さを感じた。私はカナダで、イーグルはどの生物よりも空高くを舞い、真実の守り手として敬われ、人々を教え導いてくれる存在と考えられていると教わった。非先住民族であり、脱植民地化の課題に取り組みたいと思っている私にとって、その姿は道しるべのようだった。

■遺骨返還訴訟から深化したこの旅路の目的は、サケの人々であるローワーエルワ・クララム・ネイションとマカ・トライブの人々を訪ね、彼らの経験から学ぶこと。国境という境目に区切られた空間の中だけの「常識」に囚われることは多く、その境界を超えて人々の経験を知れることは力でありメディスン（薬）となりうる。その力とメディスンを得るために、私たちに彼らの言葉を伝えてくれた通訳の殿平有子さんに感謝申し上げる。私の役割は、その言葉をきちんと記録して、後にそれが必要となったときのために備えることだと勝手に感じて、無駄に重いカメラと録音機、ノートを携え旅に参加させて頂いた。それが巡り巡ってこのような形で結実したことを嬉しく思うと共に、編集に尽力くださったお一人お一人の存在に感謝申し上げる。特にブックレットという形を実現して下さったかりん舎の皆様に深く感謝申し上げたい。

■マカ、ローワーエルワ・クララムの人々は、クジラを捕る人々、サケの人々としての「彼らが何者であるのか」を私たちにためらう事なく語ってくれた。彼らの言葉が、この旅に同行はできなかったが、時を超えてその言葉を必要とする誰かに届くことを願っている。彼らは、先祖たちの想いと闘いを語り継ぎ、自分たちにとって、サケが、クジラが、どのような存在なのかを教えてくれた。「あなたたちにとってサケが、海が、どのような意味を持つものなのか教えてあげなさい」と言ってくれた。それは条約とか、法律とか、そういうもので決められるものではないのだから、と。それでもなおアメリカの法律、司法制度の中で闘い、権利を取り戻すことを余儀なくされてきた彼らからの言葉は、自己決定権、自分たちのことを自分たちで決める権利という、最も根本的な闘いを教えてくれていたように思う。法や制度に常に影響されながら、一貫して人々にとってのサケの大切さを見失わず、それらを守り7世代先まで伝えるために今を生きようとする姿に、自分の世代のことを考えることで精一杯の、分断された時間の感覚を取り戻すような思いがする。

■そして同時に彼らは、私たちが何者であるのかを、きちんと知ろうとしてくれた。私の自己紹介イメージは、名前や出身地等を言い、初めましてと言って終わる比較的表面的なものだが、彼らが耳を傾けていることは、もっと何か本質的な私の成り立ち、生まれ、経緯、系譜、そして何を考え、どこへ向かって歩もうとしている人なのか、ということだと理解している。それを教えて欲しいと問われることは、戸惑いであり、自分を見つめる機会となる。そして同時に、彼らは「あなたたちのことは、あなたたち自身が決めるべきだ」と、常に教えてくれた。それは特に、日本という国家が作られていく過程で、「法律」とか「政策」によってその存在を一方的に決められ、今でもなお「アイヌとは誰か」を、一方的に決められ続けている人々に向けられた言葉だ。その周りの人々への言葉だ。私は自分が何者か理解し、どこへ進むべきか、自分で決められているだろうか。この本を手に取ってくださった誰かが、様ざまな状況にあるあなた自身が何者なのかを考えるきっかけになってくれたら、とも願う。

■そうして、ある種突然訪ねてきた私たちを、心ある歓迎と、彼らの歴史や経験の共有という応答で迎えてくれた彼らは、私たち一人一人をよく見ており、一人一人のこの先の旅路にメッセージを込めた贈り物をしてくれた。贈り物には意味がある。最後に贈られた一つが、カヌーのパドルだ。サケの人々であり、カヌーの人々である彼らは、人生をカヌーの旅路に例えることがある。そのカヌーを進める重要な道具がパドルである。この先の私たちの旅路がどのようなものであっても、進んで行くことができるようにと、一人ではなく、ここにいる仲間達と共に漕いで進んで行くことができるようにと、一人一人にパドルを贈ってくれたと理解している。この本を手に取り、願わくば、共にパドルを漕いで進んで行ける人々と出会っていけたらと願いを込めて、編集後記の代わりとしたい。

北大開示文書研究会　伊藤　翠

アメリカワシントン州北西部のインディアントライブの主な歴史

1600年代	► 北米の植民地時代が始まる
1823〜1832年	► **「マーシャル・トリロジー（3大判決）」** ＊トライブの主権を認めた、ジョン・マーシャル連邦最高裁判所長官による画期的な判決
1846年	► アメリカ合衆国・イギリス間のオレゴン条約により、現在のワシントン州が合衆国の領土となる。
1854年	► **メディスンクリーク条約**の締結　＊以下、トライブと連邦政府の間でトライブの漁業権を保障する条約が締結されていく
1855年	► **ポイントエリオット条約**の締結／**ポイントノーポイント条約**の締結
	► **ニアベイ条約**の締結　＊捕鯨権とアザラシを獲る権利を保障
1855・56年	► **オリンピア条約**の締結
1862年	► **ホームステッド法**　＊入植後、一定の期間内に開墾したらその土地をもらえるという制度
1887年	► **ドーズ法**　＊リザベーションを細かく分割して構成員に譲渡し、余剰地は入植者たちに開放
1912年	► **エルワ川にエルワダム**建設
1927年	► **エルワダム上流にグラインズキャニオンダム**建設
1956年	► **先住民がアメリカ市民権と投票権を得る**
1960年代〜70年代初め	►「**魚戦争**」と呼ばれた時代（州法に違犯する漁業で逮捕者が続出）
1974年	► **ボルト判決**　＊トライブにリザベーション外の伝統的漁場での全漁獲量の50%の漁業権を認める
	► **北西インディアン漁業委員会（NWIFC）**設立　＊連邦政府と条約を締結した20のトライブが所属
1979年	► **マカ文化・研究センター（マカ博物館）**開設　＊約500年前のオゼット村遺跡を発掘。約5万5000点の遺物を調査・研究／展示
1989年	► **国立アメリカインディアン博物館法**（NMAI）が成立
1990年	► **アメリカ先住民の墓地の保護と遺骨等の返還に関する法律**（NAGPRA）が成立
1994年	► **ラフィーディー判決**　＊サケ等の魚類のほか、貝類、甲殻類などについても50%の漁業権でも認める
1999年	► **マカトライブ、伝統的な猟法でコククジラ１頭の捕獲に成功**　＊コククジラの個体数激減のため自主的に中止していたクジラ猟を70年ぶりに再開
2011〜2014年	► **エルワダム及びグラインズキャニオンダムの撤去**〈アメリカ最大のダム撤去〉＊2017年現在、ダム跡地の上流にサーモンの遡上を確認。河口部に砂州が形成され、豊かな生態系が再生されつつある
2013年	► **カルバート判決**　＊生息地・自然資源についてワシントン州とトライブの共同管理を認める

［年表］アイヌ遺骨返還・再埋葬とサケ捕獲権をめぐる主な動き　◆=アイヌ　◉=政府

江戸期	◆明治維新まで、蝦夷地ではアイヌの各集団（コタン）が自決権を持ち、土地と自然資源を独占的・排他的に利用していた
1856 年	◉松浦武四郎、十勝川流域の浦幌町内・十勝太コタンなど複数のコタンの調査
1869 年	◉明治政府、開拓使を設置し、蝦夷地を北海道と改称
1872 年	◉開拓使、北海道を国有地と宣言し、私人に払い下げることを布達
1883 年	◉札幌県、十勝川上流のサケ漁禁止を布達
1888 ～ 1889 年	◉帝国大学の小金井良精、北海道を調査旅行 アイヌ人骨約 200 骨を収集
1924 年	◉京都帝国大学の清野謙次、樺太アイヌの頭骨を多数発掘
1931 年	◉北海道帝国大学医学部、アイヌ墓地を発掘して遺骨収集を始める
1934 年	◉北海道帝国大学の児玉作左衛門、愛牛コタン（浦幌町）のアイヌ墓地を発掘、遺骨と副葬品を収集
1965 年	◉東京大学の渡辺仁、十勝太コタン（浦幌町）からアイヌ遺骨と副葬品を収集
1997 年	◆「二風谷ダム判決」において、アイヌの文化享有権を認める
2007 年	◆国連、「先住民族の権利に関する国際連合宣言（UNDRIP）」を採択
2008 年	◆小川隆吉、北海道大学にアイヌ人骨台帳と関連する文書の公開を請求 ◆「北大開示文書研究会」発足。アイヌ遺骨返還訴訟の支援活動を始める
2012 年	◆小川隆吉、城野口ユリら、浦河町杵臼コタンの墓地から盗掘された遺骨返還を求め北海道大学を提訴。2016 年、裁判和解に基づき、遺骨 12 体が返還され、「コタンの会」（2015 年発足）により再埋葬
2014 年	◆浦幌アイヌ協会（現・ラポロアイヌネイション）、遺骨返還を求め北海道大学を提訴。 2017 年、裁判和解にもとづき遺骨 82 体が返還され、浦幌町の墓地に再埋葬 2018 年、遺骨 13 体が返還をされ、浦幌町の墓地に再埋葬
2017 年	◆浦幌アイヌ協会、「北米サーモンピープルを訪ねる旅」で先住権について学ぶ
2018 年	◆浦幌アイヌ協会、遺骨返還を求めて札幌医科大学を提訴、2019 年、裁判和解に基づき遺骨 1 体が返還され、浦幌町の墓地に再埋葬
2019 年	◆浦幌アイヌ協会、遺骨返還を求めて東京大学を提訴。2020 年、裁判和解に基づき遺骨 6 体が返還され、浦幌町の墓地に再埋葬 ◉政府はアイヌ文化振興法を廃止し、「アイヌ新法」を公布。アイヌを先住民族と認めるが、先住権には触れず。全国の大学が保管していたアイヌ遺骨を各地域に返還せずに白老町に建設した国立の「民族共生象徴空間（ウポポイ）」の慰霊施設に移送 ◆浦幌アイヌ協会、浦幌町（浦幌町立博物館所蔵）から返還を受けた遺骨 1 体を浦幌町の墓地に再埋葬
2020 年	◆浦幌アイヌ協会、ラポロアイヌネイションと名称変更 ◆ラポロアイヌネイション、国と北海道に対してアイヌ先住権にもとづくサケ捕獲権確認請求訴訟を札幌地方裁判所に提訴

理解を深めていただくために

▶注目される「サケ捕獲権訴訟」

2020年8月のラポロアイヌネイションによるサケ捕獲権を求める裁判提訴の直後、北海道新聞の社説は、「アイヌ民族の先住権の確認を求める訴訟は初めてだ。北海道開拓以前にアイヌ民族が持っていた権利を回復させようという歴史的訴訟であり注目される」「権利回復は世界の潮流」と評しました。道新「各自核論」（8月27日）では、上村英明・恵泉女学園大教授が、「この訴訟で求められているものは、儀式を対象とする『文化享有権』ではなく、生活に結び付く生業《なりわい》としての『漁業権』である。同時にアイヌ民族の個人的権利だけでなく、集団的権利を視野に入れている。この二つの点で画期的な訴訟だ」と大きく評価しました。

▶本書の企図と構成

しかし、アイヌのサケ捕獲権は日本では明文の根拠がなく、日本政府もアイヌに先住権を認めようとしていません。行く手に荒波が予想されるにも関わらず訴訟という航海に果敢に乗り出したのは、ラポロアイヌネイションの人々にとって、サケ捕獲権を取り戻すことこそが、アイヌとして誇りをもっていく生き方につながると確信したからでしょう。そしてその思いを支えたのが、2017年の“サーモンピープルを訪ねる旅”で得たものでした。アメリカ・ワシントン州のインディアンの人々は闘いによって漁業権を回復し、今では環境保護のリーダーともなっています。まさに、“先住権の生きた実例”でした。

そこで本書の第1章では、“サーモンピープルを訪ねる旅”の内容を可能な限り忠実にご紹介しました。そして第2章では、このツアーのアレンジとガイドをしてくださったチャールズ・ウィルキンソン教授の日本講演（2016年）の内容をご紹介しました。アメリカインディアン法の権威であり、トライブの闘いを支え、アイヌの人々をあたたかく見守る教授の講演は、ち密で論理的で、そのまま先住権についてのわかりやすい「教科書」ともなる内容です。

第3章ではラポロアイヌネイションが提訴した裁判の訴状（全文）など訴訟の内容を紹介しました。日本のアイヌがいかに不当に主権やサケ捕獲権を奪われたか、歴史的かつ法的な視点から、アイヌの先住権の正当性を解き明かしています。

▶言葉の使い方について～先住権とは？ トライブとは？ インディアンは差別用語？

＊「先住権」とは何かについてはぜひ、本書171頁以下をお読みください。

＊「トライブ」も聞きなれない言葉ですが、先住民の集団のことです。アメリカでは、各インディアントライブに「主権」が認められています。自己統治権や土地や資源への先住権など、トライブの権利は法律や条約によって与えられるものではなく、トライブが本来持っている権利であり、それはアイヌのコタンがもつ権利にもあてはまります。

＊本書で使われている「インディアン」という言葉について、差別用語だと思われる方もいるかもしれません。しかし、アメリカではアメリカインディアン法という法分野があり、公的にも使われています。訪問したトライブの方たちも、先住民という言葉より、インディアンとかトライブの人々という言い方をすることがよくありました。

▶アイヌ遺骨問題・アイヌ先住権・アメリカインディアン法について

[文献]

- 「アイヌの遺骨はコタンの土へ　～北大に対する遺骨返還請求と先住権～」
  北大開示文書研究会：編著　緑風出版　2016年　価格2400円＋税
- 「アイヌ民族の歴史」
  榎森　進：著　草風館　2015年　価格3800円＋税
- 「新版 学問の暴力　～アイヌ墓地はなぜあばかれたか～」
  植木哲也：著　春風社　2017年　価格2400円＋税
- 「痛みのペンリウク　～囚われのアイヌ人骨～」
  土橋芳美：著　草風館　2017年　価格926円＋税
- 「アイヌの法的地位と国の不正義
  ～遺骨返還問題と〈アメリカインディアン法〉から考える〈アイヌ先住権〉～」
  市川守弘：著　寿郎社　2019年　価格2100円＋税
- 「北海道大学もうひとつのキャンパスマップ　～隠された風景を見る、消された声を聞く～」
  北大ACMプロジェクト：編　寿郎社　2019年　価格1600円＋税
- 「アイヌの権利とは何か　～新法・象徴空間・東京五輪と先住民族」
  テッサ・モーリス＝スズキ／市川守弘／葛野次雄／楢木貴美子／差間正樹／
  殿平善彦／清水裕二：著　北大開示文書研究会：編
  かもがわ出版　2020年　価格2000円＋税
- 「Messages from Frank's Landing　～ A STORY OF SALMON, TREATIES, AND THE INDIAN WAY」
  Charles F. Wilkinson, University of Washington Press, 2000
- 「American Indians, Time and the Law」
  Charles F. Wilkinson, Yale University Press, 2009

[DVD]

- 「ホシッパアンナ　先祖の魂　故郷へ還る」
  監督：五十嵐貴博　2019年　27分
  製作著作：浦幌アイヌ協会　価格1000円（税別）　送料180円（1枚）
- 「八十五年ぶりの帰還　アイヌ遺骨 杵臼コタンへ」
  監督：藤野知明　2017年　25分
  共同製作：コタンの会／北大開示文書研究会　価格1000円（税込）

※ DVD「ホシッパアンナ」と「八十五年ぶりの帰還」は、北大開示文書研究会で取り扱っています。

ラポロアイヌネイション　会長 差間正樹

ラポロアイヌネイションは、北海道十勝郡浦幌町内に居住・就業するアイヌで構成される団体です。現在の構成員のほとんどは浦幌町を流れる浦幌十勝川の左岸沿い及びその周辺に存在していた愛牛《あいうし》コタン、十勝太《とかちぶと》コタン、統太《とうぶと》コタン、ウラホロコタン、静内コタン、厚内コタンなど複数のコタン（アイヌ集団）の構成員の子孫です。

1934年、北海道帝国大学、児玉作左衛門が浦幌町愛牛コタンのアイヌ墓地を発掘し、遺骨と副葬品を持ち去りました。2014年、浦幌アイヌ協会（現・ラポロアイヌネイション）は奪われた先祖の遺骨返還を求め北海道大学を提訴し、2017年、裁判和解にもとづき返還された遺骨82体を浦幌町の墓地に再埋葬しました。その後も北大や札医大、東京大学、浦幌町立博物館などから合計103体の遺骨が返還され、浦幌町の墓地に再埋葬しています。

2017年には同会会長ら2名が、「北米サーモンピープルを訪ねる旅」を企画し、ワシントン州のトライブから先住権について学んで帰りました。2020年、浦幌アイヌ協会は名称をラポロアイヌネイションと変更しました。アイヌ語の「オーラポロ」が転訛したと言われる浦幌の地名にちなみ、アメリカのトライブのような漁業権や主権を目指したいという強い思いから、自らをラポロアイヌネイションとしたのです。

2020年8月17日、ラポロアイヌネイションは、国と北海道に対してアイヌ先住権にもとづくサケ捕獲権確認訴訟を札幌地方裁判所に提訴しました。日本で初めての先住権に基づくこの訴訟は、大きな関心を呼び、市民による支援に支えられて継続中です。

［連　絡　先］ 住所：〒089-5865　浦幌町字厚内189番地
Tel：015-578-2246　Fax：015-578-2168
［支援先口座］ ゆうちょ銀行振替口座　02750-3-71188
口座名：浦幌アイヌ協会
［WEBサイト《サケ裁判支援サイト》］
http://www.kaijiken.sakura.ne.jp/fishingrights/index.html

北大開示文書研究会　共同代表　清水裕二／殿平善彦

浦河町出身のアイヌ小川隆吉氏が、2008年に北海道大学から開示を受けた「北海道帝国大学児玉作左衛門収集のアイヌ人骨の台帳とそれに関連する文書」などの多数の文書を精査して、「研究」名目でおこなわれたアイヌ墓地「発掘」の真実を明らかにすることを目的に、発足した会です。工芸家、団体職員、教員、僧侶、牧師、研究者、学生、会社員、アーティスト、映画監督、弁護士、ジャーナリストなどのメンバーで構成されています。

明治政府によって一方的に奪われたアイヌの先住権を回復し、国際連合世界先住民宣言に謳われる先住権が、アイヌ個々人の諸権利やアイヌの集団（コタン）の本来的な権利であることを確認し、アイヌの遺骨返還・再埋葬の活動の支援や、先住権としてのサケ捕獲権をはじめとする自然資源に対するアイヌ集団（コタン）の権限の獲得のための活動や訴訟への支援を行っています。

［連　絡　先］住所：〒077-0032　留萌市宮園町3-39-8
事務局長 三浦忠雄
Tel&Fax：0164-43-0128
E-mail：ororon@jade.plala.or.jp
［支援先口座］ゆうちょ銀行振替口座　02790-1-101119
口座名：北大開示文書研究会
［WEBサイト］http://www. kaijiken. sakura. ne. jp/

【写真提供・協力】
藤野知明／伊藤　翠／
平田剛士／寺田和弘／市川利美
Tony Meyer

【ラポロアイヌネイションのロゴ】
殿平有子（イラストレーター）

※第1章の「サーモンピープルを訪ねる旅」は、「北西アメリカ先住民訪問交流」事業として公益財団法人アイヌ文化振興・研究推進機構から助成を受けて実施しました。

サーモンピープル
アイヌのサケ捕獲権回復をめざして

2021年6月1日　発行

発　行　ラポロアイヌネイション
北大開示文書研究会
編　者　編集委員会
差間正樹／殿平善彦／みかみめぐる／
伊藤　翠／市川利美
発　売　有限会社かりん舎
札幌市豊平区平岸3条9丁目2-5-801
http://kwarin.jp/
制　作　有限会社かりん舎
印　刷　中西印刷株式会社

ISBN 978-4-902591-42-2